KB253894

낮은 곳으로 흐르는 물처럼

낮은 곳으로
흐르는 물처럼

서임중 지음

낮은 곳으로 흐르는 물처럼

물은 낮은 곳으로 흐릅니다. 흐르다가 막다른 곳에 다다르면 그 흐름을 멈춥니다. 그러나 그 멈춤은 멈춘 것이 아니라 막힘을 통과하기 위한 또 다른 조용한 준비입니다. 갇히며 채워진 그 막힘이 풀리면 물은 무서운 속력으로 다시 낮은 곳을 향해 흐릅니다. 흐르다가 걸림돌이 있으면 휘 돌아 다시 흘러갑니다.

당연한 말 같으나 깊은 삶의 이치와 진리가 숨어있는 이야기입니다. 그래서 낮은 곳으로 흐르는 물을 통해 삶의 지혜를 배우게 됩니다.

목회를 하면서 내가 아픔이 없으면 네가 행복하지 못하는 관계의 신비로움을 경험합니다. 내가 행복하려면 너를 아프게 하는 관계는 진정한 행복이 아닙니다. 그러나 내가 아픔으로 네가 행복하게 되는 관계, 그것이 너와 나의 행복이며 사랑의 아름다운 신비입니다. 그것은 낮은 곳으로 흐르는 물처럼 살아갈 때의 자연스러운 사랑의 몸짓입니다.

너와 내가 더불어 살아가노라면 말을 해서가 아니라 말이 없어도 대화가 가능 합니다. 보이지 않는 대화를 할 수 있을 때 영혼과 영혼

이 한층 아름답고 눈부신 인간 생활의 행복의 메뉴가 됩니다. 거기에서 우리는 노여워할 필요도 없고, 분개할 필요도 없고, 이래저래 따질 필요는 더욱 없습니다. 그리할 때 양보의 아름다움이 노래되고, 감사의 찬란한 빛이 가슴 가득 채워지고, 용서의 따뜻한 기쁨이 전신을 감싸는 행복을 체험케 합니다. 그것이 낮은 곳으로 흐르는 물처럼 살아갈 때의 사랑입니다.

물을 흠뻑 먹지 못한 콩나물에 잔발이 달리듯, 사랑이 메말라 목마른 사람에게는 언제나 상념의 잔뿌리가 달리게 됩니다. 의심의 잔뿌리, 불평의 잔뿌리, 원망의 잔뿌리, 회의의 잔뿌리, 그런 것들을 주렁주렁 달고 살아갑니다. 사랑한다는 것은 이처럼 복잡한 의식과 삶의 자리에 물을 주어 감사가 노래되고 아름다움이 생활되는 인생의 정원을 가꾸는 것입니다. 그것 또한 낮은 곳으로 흐르는 물처럼 생각하고 살아가는 사람들의 아름다운 몫입니다.

목양의 세월 30년을 맞으면서 뒤 돌아보니 흐름을 가로막는 숱한 막힘과 막다른 곳에 머무른 듯함을 수 없이 겪으면서 낮은 곳으로 흐르는 물의 지혜를 배우면서 가로막으면 돌아 흐르고 막히면 새로운 흐름을 위해 준비하면서 여기에 이르렀습니다.

흐름이 막히면 새로운 흐름을 위한 준비가 때로 답답하고 속상하고 아프기도 하지만 그 동안에 쌓인 물이 새로운 흐름이 시작될 때는 말할 수 없는 속력으로 흐르는 것을 배우면서 지난 서른 해의 목회는 낮은 곳으로 흐르는 물처럼 오늘에 이르렀습니다.

그 성역의 시간 속에서 남아있는 흔적들을 여기에 옮겨 보았습니다.

매 주일 주보에 실었던 목회단상을 다시 정리하면서 다시 한 번 십자가의 아픔을 남기고 오늘 나를 있게 하신 주님의 사랑을 생각하면서 참 사랑이란 너를 위한 나의 아픔이며 그것은 낮은 곳으로 흐르는 물처럼 살아갈 때 표현되는 것임을 새삼 깨닫습니다. 그 사랑의 몸짓을 다시 하면서 성역 서른 한 해를 시작하려고 합니다.

성역 30주년을 맞이하여 이 책을 출판하도록 배려해 준 포항중앙교회 당회에 감사를 드리며 이 책을 포항중앙교회에 헌정 합니다.

성역 30년을 맞는 2009년 가을에
포항중앙교회 목양실에서
서임중 목사

|목 차|

1

예수님을 높이는 삶

믿음이 있는 자가 하나님을 기쁘시게 하고
하나님을 기쁘시게 하는 사람이
하나님의 사랑과 은혜와 복을 받습니다.

바울의 일생은 '그리스도를 존귀하게 하는 삶'이었습니다. 오죽했으면 "살아도 주를 위하여 살고, 죽어도 주를 위하여"라고 했겠습니까. 바울에게 있어서 존재의 의미는 '오직 그리스도'였습니다. 살고 있음도 그리스도 때문이었습니다. 그리스도 없는 삶은 그에게 있어서 아무런 의미도 없는 것이었습니다. 그런 그였기에 '죽는 것도 그리스도를 위함'일 수 있었습니다.

오늘날 그리스도인 가운데는 삶의 관심을 예수님이 아닌 다른 것에 두고 살아가는 사람들이 있습니다. 슬픈 일입니다. 정치, 돈, 향락, 부동산투기, 오락, 취미활동, 증권, 스포츠, 혹은 자녀가 오직 삶의 중심이 된다고 말들을 합니다. 정말 이것이 그리스도인이 갖고 살아야 할 최고의 관심 대상입니까? 그렇습니까?

우리에게는 소중한 것들이 많습니다. 그러나 그 어떤 것도 예수님보다 귀할 수는 없습니다. 진정한 그리스도인이라면 그것이 자연스러운 삶의 고백이 됩니다. 그렇게 되면 나머지 하나님께서 모든 것을 이루어주십니다. 그것이 성경의 가르침입니다.

"너희는 먼저 그의 나라와 그의 의를 구하라 그리하면 이 모든 것을 더하시리라(마6:33)."

성경의 가르침을 받아들이는 것이 믿음입니다. 믿음이 있는 자가 하나님을 기쁘시게 하고 하나님을 기쁘시게 하는 사람이 하나님의 사랑과 은혜와 복을 받습니다. 그것이 예수님을 높이는 삶입니다.

예수님을 높이는 삶을 살아가는 사람들에게 나타나는 것은 남의 유익을 위한 이타주의의 생활입니다. 자신의 욕구 충족을 위하지 않고 타인의 기쁨을 위하여 양보하며 살아가는 것입니다.

신학을 시작했을 때 즐겨 읽었던 책 가운데 칼 힐티의 [행복론]과 [잠 못 이루는 밤을 위하여]가 있었습니다. 이 책들은 내 삶의 방향을 새롭게 조명해 주었습니다. 칼 힐티는 기독교 신앙에 바탕을 둔 내용

으로 삶의 희망과 신념, 그리고 용기를 주는 글들을 많이 썼습니다.

힐티가 남긴 말 가운데 "인간의 마음은 보람 있는 일을 찾았을 때처럼 즐거운 기분을 느끼는 때가 없다. 행복하기를 원한다면 먼저 보람 있는 일을 찾아라."는 것이 있습니다. 저는 이 말을 아주 좋아합니다.

인생의 진정한 기쁨과 감격은 보람 있는 일을 찾아 행할 때에 옵니다. 그런 일에 열중할 때 잡념에서 벗어날 수 있을 뿐만 아니라 가장 순수한 행복감까지 느낄 수 있습니다.

헤밍웨이는 말하기를 "선이란 무엇인가? 뒷맛이 좋은 것이다. 악이란 무엇인가? 뒷맛이 나쁜 것이다"라고 했습니다.

그렇습니다. 좋은 일을 하고 나면 뒷맛이 좋습니다. 남에게 좋은 일을 하고 나면 긍지와 보람과 만족이 있습니다. 선한 일을 하고 나면 얼굴이 밝아지고 마음이 기쁩니다.

그러나 남에게 좋지 않은 일을 행하고 나면 뒷맛이 아주 좋지 않습니다. 얼굴이 어둡고 마음이 괴롭습니다.

교육의 성자 페스탈로치의 묘비에는 다음과 같은 글이 새겨져 있습니다.

"모든 것은 남을 위하여, 자기를 위해서는 아무것도 아니했다"

참으로 많은 것을 생각하게 하는 글입니다. 위대한 교육자 페스탈로치의 생애를 다시 한 번 깊이 새기면서 우리의 삶도 그렇게 기록되어지기를 기도합니다. 왜냐하면 그것이 예수님을 높이는 삶이며 헌신된 그리스도인의 삶이기 때문입니다.

생각을 할 때는 항상 입장을 바꾸어 놓고 생각하라는 말이 있습니다. 왜냐하면 나만을 생각하면 다른 사람의 입장을 이해하지 못하기 때문입니다. 지나친 생각으로 형제를 저울질 하고, 언어의 돌을 던지며 비판이나 하는 그런 생활이 아니라, 허물을 덮어 주고, 상대방의 입장에서 생각하며, 그들의 유익을 위하여 오늘을 내가 살아간다면, 우리의 교회, 우리의 가정, 우리의 사회는 훨씬 더 아름답고 가치 있는 삶의 장이 될 것입니다. 그것이 예수님을 높이는 삶입니다. 그런 삶을 사는 당신은 하나님의 사람입니다.

하나님과의 영적 교제

지금도 눈을 감으면 그 분이 보고 싶은 것은,
하나님과의 영적 교제가 이루어진 그리스도인의 삶은
언제 어디서나 그리스도의 향기를 발하기 때문입니다.

부흥하며 평안한 가운데 축복을 누리는 교회가 있습니다. 그런가 하면 갈등과 분열로 깊은 상처를 안고 있는 교회도 있습니다.

교회를 황폐하게 하고 성도들의 가슴을 황량한 사막으로 만들어 가는 교회에는 하나님과의 만남이 경험되지 못한 사람들이 많습니다. 그런 교회는 인본주의와 이기주의가 가득한 사람들의 교만과 세속적인 문화가 깊이 깔려 있습니다. 마치 주님을 만나기 전의 사도 바울이 전통과 제도의 틀에 갇힌 교만으로 자신의 신앙과 삶만이 바로미터가 되는 듯 살았던 것처럼 말입니다.

그 때의 바울은 하나님을 믿는다고 했으나 하나님 없는 생활을 한 것과 진배 없었고, 그것이 전통적인 바리새인들의 생활양식이었습니다. 그런 삶의 양식은 예수님이 그토록 탄식하시며 일깨우셨던 '자신의 눈 속의 들보는 보지 못하고 남의 눈의 티를 빼려는 생활'에 익숙해 진 사람들의 것입니다.

바울은 주님과의 깊은 인격적인 만남을 통해 놀라운 영적 성숙을 경험하였습니다. 예수님을 만난 후, 하나님과의 영적 교제가 이루어지면서 자신의 모습이 얼마나 모자라고 악했던가를 발견합니다.

그는 세상을 향해 있던 눈을 돌려 살아계신 하나님을 바라보았습니다. 그리고 외친 고백이 "나는 만삭되어 나지 못한 자와 같습니다." "나는 죄인의 괴수입니다." "나는 사도 가운데 가장 작은 자입니다." 라는 가히 혁명적인 선언이었습니다. 그리고 그는 자신의 죄인 됨을 깨달아 날마다 하나님과의 영적 교제 가운데서 위대한 하나님의 사람으로 그 일생을 살았습니다.

하나님과의 영적인 교제에 대한 구체적인 말씀은 사도행전 2장 42절 상반절 "사도의 가르침을 받아"라는 것으로 나타납니다.

모든 교회 부흥의 시작은 하나님이 세우신 사역자들을 통한, 하나님의 말씀을 바르게 가르침을 받는데서 시작합니다. 바른 가르침은 하나님과의 올바른 영적교제가 시작 되는 가장 기본 출발선입니다. 하나님과의 바른 영적인 교제가 이루어지지 않고는 교회가 교회로서의 모습을 보일 수 없습니다.

오늘날 교회의 분쟁과 분열의 위기가 어디에서 옵니까? 하나님과의 신령한 교제가 없는 교회, 인본주의적인 인간관계만을 중시하며 한쪽으로 치우치는 교회는 얼마 못가 그 생명력을 잃어버리고 맙니다.

목회를 처음 시작했던 안동 소호리 교회에는 이언복 원로장로님이 계십니다. 그 분은 제가 건너기 힘든 목회의 개울을 건너려고 할 때마다 돌다리를 놓아주신 분입니다. 자신의 인격과 자존심도 때로는 모두 포기하시면서 오늘의 저를 있게 해 주신 분입니다.

부자지정(父子之情)의 목회를 하던 어느 날, 장로님은 예배시간이 20여분 지난 시각에 예배당 안으로 들어섰습니다. 설교를 하던 저는 서릿발 같은 소리로 "장로님, 그 자리에 서서 예배드리시기 바랍니다."하고 소리쳤습니다. 예배당 안으로 들어서신 장로님은 그 자리에 얼어붙은 듯 서서 설교를 들으셨습니다.

설교가 끝나고 헌금봉헌도 끝났습니다. 광고시간이 되어 장로님에게 광고를 하라고 했습니다. 그 분은 앞으로 걸어와 마이크 앞에 서서 죄인 된 마음으로 용서를 구했습니다.

"불가피한 사정이었지만 예배 시간에 늦게 참석한 장로가 무슨 할 말이 있겠습니까. 하나님께 죄를 짓고, 전도사님께 누를 끼치고, 여러분에게 본이 되지 못했습니다. 부디 용서해 주시기를 구합니다."

그 날 이후 모든 교인들은 장로님을 충심으로 존경했습니다. 저는 더욱 아버지처럼 그 분을 존중했으며, 교회는 날마다 화목하고 사랑

이 넘쳤습니다. 그런 가운데 교회는 더욱 부흥하고 평안하여 교단의 농촌교회 성장 모델이 되었고, 교단 전국대회에서 부흥의 사례발표까지 하기에 이르렀습니다.

만일 그 때 장로님이 하나님과의 영적 교제가 없는 인본주의적인 분이었다면, 교회는 정 반대의 상황이 전개되었을 것입니다.

지금도 눈을 감으면 그 분이 보고 싶은 것은, 하나님과의 영적 교제가 이루어진 그리스도인의 삶은 언제 어디서나 그리스도의 향기를 발하기 때문입니다.

3
뒤집어진 성숙한 사람들(1)

회개가 바르게 이루어져야
사람다운 삶이 시작됩니다.

서구의 많은 교회들이 박물관이 되어 간다는 말이 있습니다. 그 이유 가운데 하나가 그리스도인들이 하나님과의 영적인 교제를 계속하지 않기 때문입니다. 그러나 그렇게 박물관이 되어가는 교회가 많아지는 오늘의 서구 사회도, 하나님과의 영적인 교제가 이루어지는 교회는 날마다 성장과 성숙을 거듭하여 가는 은혜로 충만합니다.

몇 년 전 목회 연구 기간을 통해서 탐방하고 돌아온 해외 교회들이 있습니다. 그 중 미국의 Crystal Cathedral과 Grace Community Church, 그리고 The Church on the Way 같은 교회는 정말로 깊은 감동을 받은 곳입니다. 말씀과 찬양과 기도가 조화를 이루는 교회였고, 교인들의 삶 자체가 성숙한 그리스도인으로서의 삶이었습니다.

이것이 어디 해외 몇 교회만 그렇겠습니까? 아닙니다. 우리나라에 있는 교회에서도 마찬가지로 있는 일입니다. 말씀이 역사되는 교회는 날마다 부흥합니다. 말씀의 은혜가 있는 교회는 힘찬 생명력으로 성장합니다.

그러나 인본주의적인 목회방법으로 이끌고 있는 교회는 이미 쇠퇴 현상이 나타나고 있습니다. 힘을 잃고 있습니다. 이러한 사실은 이미 모든 목회자들은 물론 모든 교회들도 인지하고 있는 일입니다. 그러므로 지금이라도 교회와 성도가 바로 서는 길을 찾아야만 합니다.

어떻게 하면 하나님과의 온전한 영적인 교제를 하며 성숙한 그리스도인으로서의 삶을 회복할 수 있을까요? 그것을 한 마디로 강하게 표현하자면 '뒤집어진 삶'이 되어야 한다는 것입니다. 뒤집어진 삶이 어떤 것일까요? 그것은 '회개' 하는 것입니다.

베드로의 설교를 듣고 난 사도시대 백성들은 우리가 어찌할꼬? 하면서 자신들의 잘못을 회개했습니다. 초대교회 성도들의 이런 모습은 아름다운 몸부림 그 자체였습니다. 그것은 인격의 변화이며 아름답게 뒤집어진 삶의 혁명이었습니다.

'회개' 라는 말은 헬라어로 '메타노이아(μετανοια)' 인데 "뒤집는다, 돌아서서 나아간다"라는 뜻입니다. 다시 말하면 인간이 하나님 앞에서 거꾸로 돌아섰기 때문에, 거꾸로 된 상태에서 다시 뒤집으면, 돌아서면 바로 된다는 의미입니다.

마귀를 따르던 사람이 뒤집으니까 하나님을 따르게 된다는 말입니다. 지옥으로 가던 사람이 뒤집으니까 천국으로 가게 된다는 말입니다.

다른 말로 바꾸어 말하면 거꾸로 된 상태에서는 아무것도 할 수 없고 이룰 수도 없습니다. 거꾸로 된 상태를 뒤집어 바로 놓아야 그때부터 모든 것이 올바르게 시작될 수 있다는 말입니다.

　그런데 이상한 것은, 많은 사람들이 정확하게 180도 뒤집기를 하지 못하고 90도 뒤집기를 한다는 것입니다. 다시 한문으로 풀이하여 말하면 '회(悔)'는 잘 하는데 '개(改)'가 되지 않는다는 말입니다. 회(悔)에 해당되는 영어는 regret인데 후회한다는 뜻이 있습니다.

　개(改)에 해당되는 영어는 contrition입니다. 이 말은 완전히 돌아선 상태, 다시 말하면 지난날의 잘못을 다시 반복하지 않는 생활로 접어든 상태의 의미가 있습니다.

　'명목상 그리스도인'이라는 부끄러운 용어가 통용되고 있습니다. 이것은 180도로 뒤집어지지 않고 90도쯤 뒤집어지고는 180도 뒤집어진 것처럼 착각하고 살아가는 사람들에게 붙여지는 닉네임입니다. 이들의 삶은 실제에 있어서는 거꾸로 된 상태 그대로 살아가는 사람들입니다. 바로 이런 사람들로 인하여 교회가 교회로서의 아름다움을 잃어버리고 삐걱거리게 됩니다.

에베소서교회에 보낸 바울의 편지에는 "너희가 전에는 어두움이더니 이제는 주 안에서 빛이라. 빛의 자녀들처럼 행하라. 빛의 열매는 모든 착함과 의로움과 진실함에 있느니라(엡5:8-9)."는 권면의 말이 적혀있습니다. 이 말은 180도 뒤집어진 사람이라면 마땅히 빛의 자녀답게 생활하고, 또 그렇게 사는 것이 제대로 뒤집어 진 성숙한 그리스도인의 삶의 모습이라는 것입니다. 그렇게 되어진 삶에서는 아름다운 신앙생활이 시작될 수 있습니다

일상에서 어리석은 자로 살아가는 것보다 더 슬픈 일은 없습니다. 어리석은 삶이란 하나님 없이 사는 것입니다. 말하는 것도, 행동하는 것도, 그 어느 것에도 하나님 없는 듯 살아가는 사람들, 그것이 어리석은 사람들의 모습입니다. 그것이 하나님 앞에서 거꾸로 된 삶입니다.

거꾸로 된 삶을 뒤집어 바로 세우는 것이 회개입니다. 회개가 바르게 이루어져야 사람다운 삶이 시작됩니다. 하나님 앞에서 잘못한 것을 회개해야 합니다. 물질적으로 지은 죄도 회개해야 합니다. 윤리적으로, 도덕적으로 지은 죄도 회개해야 합니다. 그것이 제대로 뒤집어진 성숙한 삶입니다.

오늘 당신 앞에 한 기회가 주어졌습니다. 당신은 모든 죄에서 뒤집어지는, 돌아서는 회개의 기회를 잡으시겠습니까? 선택하십시오. 뒤집어지고 돌아서는 자, 당신이 복 있는 사람입니다. 하나님은 당신을 사랑하십니다.

4

뒤집어진 성숙한 사람들(2)

성령 충만함을 입으면,
하나님과의 신령한 교제는 날마다 이루어집니다.
그것이 아름다운 성도의 생활로까지 끝없이 이어집니다.

포항 시장을 지냈던 정장식 장로님의 저서「거꾸로 본 세상이 아름답다」를 읽어본 사람은 장로님의 신앙과 인격과 삶을 조망할 수 있었을 것입니다.

저는 그 책을 읽기 전에 표제를 보면서 거꾸로 엎드려 사물을 바라보았습니다. 확실한 것은, 평소에 보는 것보다 더 아름답게 느껴졌다는 것입니다. 그 책을 다 읽고 난 후에 다시 한 번 거꾸로 엎드려 보았습니다. 그때의 느낌은 책을 읽기 전의 느낌과는 또 다른 느낌이었습니다. 세상만 그렇게 보이는 것이 아니라 인간의 살아가는 삶의 장 또한 그렇게 느껴졌기 때문이었습니다.

인간의 삶이란, 때론 그렇게 뒤집어 놓고 보는 것에서도 살아가는 의미와 가치를 경험할 수 있습니다.

사람이 살아가는 데는 관계라는 필연의 줄이 있습니다. 누구도 그 관계의 줄 없이 된 사람은 없습니다. 부모 자식의 줄, 형제자매의 줄, 이웃의 줄, 친구의 줄, 그리고 이런 저런 수많은 줄로 엮어진 것이 인간사입니다.

때로는 속이 상해 "나는 부모도 형제도 없어"라고 독백을 하는 경우도 있습니다. "이웃? 그게 나와 무슨 상관이야?"라고 독불장군식의 인생을 살아가는 사람도 있습니다. 그러나 결코 인간이란 혼자 살아갈 수 없는 존재임은 누구도 부인하지 않습니다. 밉든 곱든 인간이란 관계의 줄로 연결된 삶을 살아갑니다. 그리고 그 관계의 줄을 결코 끊을 수 없는 것이 인간의 삶입니다.

하나님과의 관계의 줄 또한 그렇습니다. 때로는 하나님 없이도 잘 살아갈 수 있을 것이라 생각하고 경거망동의 삶을 살아가는 사람들이 없지 않습니다. 그러나 그 결과는 또 얼마나 허망한 것인가를 우리

는 너무나 잘 알고 있습니다.

하나님과의 관계가 정상일 때 이웃과의 관계도 정상이 될 수 있습니다. 그것을 뒤집어진 성숙한 삶이라고 하는 것입니다.

성숙한 그리스도인의 삶에는 필연적으로 회개가 선행되지만, 그 다음으로는 세례를 받아 죄악 된 옛 사람을 벗어버리고 의로운 새 사람으로 거듭나는 전환이 있어야 합니다. 그러기 위해서는 필연적인 관계의 줄이 하나 있어야 하는데 그것이 곧 예수 그리스도와의 관계라는 줄입니다. 반드시 예수의 이름으로 세례를 받아야 합니다. 이 말은 나의 생활은 예수 이름에 기초해야 된다는 말입니다. 예수 이름으로 세례를 받는다는 말은 예수를 나의 구주로 고백한다는 것입니다. 지난날의 나의 잘못이나 정욕이나 죄악을 예수와 함께 십자가에 못 박고, 나는 죽고 내 대신 내 안에 예수님이 사시게 한다는 것을 의미 합니다. 이를 그리스도인이라고 하는 것입니다.

오늘날 많은 그리스도인들이 진정한 회개가 없으므로 신앙생활에 예수 그리스도께서 기초가 되어 나타나지 못합니다. 교회는 출석을 하는데 신앙생활의 기초가 예수님이 아닌 여전히 자기 자신입니다.

정말 성부, 성자 성령의 이름으로 세례를 받은 사람은 그 삶의 중심이 오직 예수뿐입니다. 예수 이름이 아니고는 어떤 것도 하나님께 인정을 받지 못합니다. 자신의 업적이나 공로 같은 것은 아무 소용이 없습니다. 하나님은 우리가 무엇을 행했든지 오직 예수 이름이 내가 한 그것과 관계되어 있는가를 보십니다.

회개하고 예수님의 이름으로 세례를 받았다 할지라도 그리스도인의 신앙생활의 더욱 확실한 증거는 성령을 받는 것입니다. 예수 믿고 세례를 받았다 할지라도 내 마음을 무방비 상태로 두면, 마귀란 놈이 쳐들어와서 그리스도에게서 멀어지게 방해 작업을 합니다. 얼마나 간교하고 지혜로운지, 영적인 무장을 잘 하고 있지 않으면 모두가 넘어질 수 있습니다.

그렇다고 무서워할 필요는 없습니다. 예수 그리스도를 나의 구세주로 고백할 때 이미 우리는 성령을 받았습니다(고전12:3). 그러므로 오히려 우리는 날마다 하나님의 말씀을 읽으며, 항상 기도하여 하나님과 영적인 교제로 성령의 충만을 입으면 됩니다. 그리고 말씀을 순종하며 예수님의 이름으로 마귀를 대적하면 됩니다. 그리하며 마귀가 우리를 피하여 달아납니다(약4:7). 우리가 확실한 승리자의 삶을 사는 것이지요. 신나지 않습니까? 그리고 너무 쉬운 일입니다. 그렇죠? 예! 이것이 바로 뒤집어진 사람의 성숙을 깊어지게 하는 삶입니다.

마귀가 가장 무서워하는 것은 그래서 성령님이십니다. 그러므로 우리는 성령으로 무장하여 감히 마귀가 내 마음자리에 들어올 기회를 주지 말아야 합니다.

예수 믿고, 세례 받고, 성령 충만함을 입으면, 하나님과의 신령한 교제는 날마다 이루어집니다. 그것이 아름다운 성도의 생활로까지 끝없이 이어집니다. 그것이 바로 뒤집어진 삶입니다.

우리의 삶이 그렇게 뒤집어진 성숙한 삶이기를 기도합니다. 하나님을 가까이 하십시오. 그리하면 하나님께서 당신을 가까이 하십니다(약4:8).

뭔가를 보여드리겠습니다.

성령이 함께 하시는 코이노니아는
아름다운 사랑이 되고 복음이 꽃피어 열매를 맺는 것입니다.
그것이 교회가 세상에 뭔가를 보여주는 것입니다.

한국 코미디 역사에 대부로 이름을 남긴 고 이주일선생이 유행시킨 말이 있습니다. "뭔가를 보여드리겠습니다!" 라는 말입니다.

그분은 소위 말하는 그런 미남은 아닙니다. 요즘 '얼짱' 이라는 말이 유행어가 되었습니다만 그 분은 오히려 못생긴 얼굴로 빛을 본 사람이었습니다. '못생긴 얼굴' 이라는 표현은, 그 분 자신이 스스로 "못생겨서 죄송합니다." 라는 말을 유행시켰기 때문에 덜 미안한 마음으로 씁니다. 그런 그분의 외모는 누구에게도 전혀 피해를 주지 않았습니다. 오히려 그런 그분의 생애는 좌절감에 빠진 사람들에게 희망을 주었고, 웃음을 잃은 사람들에게는 웃음을 통한 삶의 의미를 되새겨 주었습니다.

그분의 인생은, 그의 말대로 정말 뭔가를 보여준 삶이었는데, 안타깝게도 인생 말년에 폐암으로 고생을 하다가 우리 곁을 떠났습니다. 생을 마무리 하시면서도 세상 사람들에게 또 뭔가 보여주고 떠났습니다. 그것이 '담배는 건강에 백해무익하다' 라는 광고를 통한 것이 었습니다.

예수 그리스도의 교회는 세상 사람들에게 무엇인가를 보여 주어야 합니다. 그것은 성도로서의 빛 된 생활입니다. 깨끗한 윤리와 도덕적인 삶입니다. 아름다운 인간관계입니다. 이해와 용서와 관용과 사랑을 실천하는 참 신앙인의 모습입니다. 그것이 참 그리스도인으로서 뭔가를 세상에 보여주는 삶의 내용입니다.

이와 같은 아름다운 삶의 기초가 바로 성도들 간의 친밀한 교제입니다. 성도들 간의 친밀한 교제는 두말할 필요도 없이 하나님과의 영적 교제가 이루어져야 가능한 것입니다. 하나님과의 영적인 교제가 이루어지면 성도들 간의 친밀한 교제는 저절로 이루어집니다. 그래서 잠언 16:7절에서는 "사람의 행위가 여호와를 기쁘시게 하면 그 사람의 원수라도 그로 더불어 화목하게 하시느니라."고 했습니다.

그와 같은 아름다운 성도의 교제를 통한 교회의 모습은 자연스럽게 모든 세상 사람들에게 귀감으로 나타나게 됩니다. 그래서 예수님은 마태복음에서 성도들을 보시고 '산 위의 동네' 라 하셨고 '등경 위의 등불' 이라고 하셨습니다.

그런데 오늘날 교회가 정말 '산 위의 동네가 되어 있는가? 등경 위의 등불인가?' 라는 의문이 있습니다.

산 위의 동네는 일부러 보여 주려고 하지 않아도 자연히 사람들에게 보여 집니다. 등경 위의 등불은 어두운 방안을 밝게 밝혀 줍니다. 교회 성도들 간의 친밀한 교제는 이같이 등불로 어둠을 밝히고 산 위의 동네로서 모든 사람들에게 돋보이게 되어 있는 것입니다.

　　이런 성도들 간의 친밀한 교제가 어떻게 하면 이루어질 수 있는 것일까요? 방법은 아주 간단합니다. 당신이 하나님의 말씀 안에 거하면, 그때 이런 교제는 가능해집니다. 교제만 가능해 지는 것이 아닙니다. 그 안에서 열매도 많이 맺게 됩니다(요15:5). 완전히 땡잡는 것이지요. 말씀을 읽어보세요. 꼭!

　　초대교회 성도들은 사도의 가르침을 받아 온전한 그리스도인의 삶을 살았습니다. 사도의 가르침이란, 예수님의 가르침과 그의 죽으심과 부활, 그리고 승천과 다시 오심에 대한 내용으로 구성되어 있습니다. 사도들의 가르침은 하나님의 영감을 받은 것으로써 권위가 있습

니다. 신약성경은 이와 같은 사도들의 가르침을 문서화 한 것입니다.

그런데 참 슬픈 것은 오늘날 교회의 강단은 권위가 없다는 것입니다. 그래서 '강단의 위기' 라는 지적의 소리가 높아가고 있습니다. 가르치는 자도 가르침을 받는 자도 모두 그렇게 말합니다. 그러면서도 강단의 권위가 회복될 가능성은 점점 희박해져 가는 오늘 한국교회의 현실을 보며 씁쓸합니다. 아픕니다.

권위 없는 가르침은 어떤 힘도 없습니다. 힘없는 가르침은 역사가 일어나지 않습니다. 결과적으로 돌아오는 것은 교회의 침체입니다. 교회는 사람들에게 밟히는 소금으로 전락됩니다. 실제로 교회가 지금 사회에 비쳐지는 모습은 그야말로 짓밟힌 소금과 같은 상황입니다. 처처에 일어나고 있는 이러한 모습을 우리는 보고 있습니다. 이것이 진정 주님께서 원하시는 것이 아닌데도 말입니다.

성도들 간의 친밀한 교제는 가르침을 바르게 잘 받을 때 가능합니다. 거기서 진정한 교회의 역사가 일어납니다. 그곳이 주님이 말씀하시는 산 위의 동네 그 현장이 되어 가는 것입니다. 거기서 진정한 성도의 코이노니아(교제)가 이루어지는 것입니다. 성령이 함께 하시는 코이노니아는 아름다운 사랑이 되고 복음이 꽃피어 열매를 맺는 것입니다. 그것이 교회가 세상에 뭔가를 보여주는 것입니다.

6

이웃과의 코이노니아

예수님의 가르침대로 겸손하고
섬기기를 좋아하며, 낮아지고 화평하는 사람
이 사람이 이웃과 교제하는 코이노니아의 사람입니다.

'코이노니아($\kappa o\iota \nu\omega\nu\iota \alpha$)'란 말은 '교제, 교통'이라는 뜻과 '동참, 동업'이라는 의미가 있습니다. 이 말은 그 의미가 정말 아름다운 단어입니다. 이 아름다운 단어가 제대로 꽃피는 곳으로 함께 찾아가 볼까요?

초대교회 성도들은 사도의 가르침을 받아 서로 교제하며, 떡을 떼며, 기도하기를 전혀 힘쓰고, 심지어는 모든 사람들이 자기들의 물건까지 팔아서 서로의 필요를 따라 나눠주며 서로 통용했습니다. 참으로 놀라운 일이지요.

어떠신지요? 제대로 찾아왔지요? 당신도 참 아름답다고 생각하실 겁니다. 천국 같았을 거라는 생각도 하실 거고요. 이것이 과연 가능한 일일까 싶습니까? 예! 가능합니다. 이것이 초대교회의 실상이었습니다. 또한 이것이 성도의 진정한 코이노니아입니다.

오늘을 살면서 비록 우리가 초대교회 성도들처럼 살지는 못한다 할지라도, 최소한 성도들 간의 미움이나 다툼, 원망, 불평을 하여 분쟁과 분열을 일으켜서는 안 될 것입니다. 형제의 아픔을 나의 아픔으로 여기지는 못할지언정, 형제의 마음을 아프게 하고 자기만을 위해 황소고집을 부리는 어리석음을 저질러서는 정말 안 될 것입니다. 그런 것들은 다 쓰레기통에 버려야 합니다. 소각장에 들고 나가서 불을 질러 태워 없애버려야 합니다. 왜냐고요? 가장 일차적으로는 바로 당신의 행복을 위해서 그렇습니다. 미움, 다툼, 원망, 불평, 분쟁과 분열 따위를 갖고 있는 사람은 절대로 행복하지 않습니다. 그 사람은 스스로를 고통 속에서 파멸의 길로 몰아가기 때문에 절대로 행복하지 않습니다.

진정한 교회의 모습은 성도들 간의 친밀한 교제가 이루어지는 것입니다. 성도들 간의 교제가 없는 교회를 어떻게 거룩한 공동체라 할 수 있으며 주님의 몸이라고 할 수 있겠습니까.

진정한 코이노니아는 성도간의 교제만을 의미하지는 않습니다. 이웃에게 주님의 모습을 보여주는 거룩한 사역을 위한 동참, 그 아름다운 교제가 이루어질 때 진정한 코이노니아가 되는 것입니다.

사도행전의 초대교회 성도들은 지역 주민들에게 칭송을 받았습니다. 그렇게 되자 날마다 교인수가 더하여가는 역사가 일어났습니다.

바로 여기에 교회의 참 모습이 있습니다. 교회는 지역 주민과의 복음적 교제가 이루어져야 합니다. 우리가 거저 받은 복음의 축복을 우리 스스로만 가지고 있다가 죽지 말고 아낌없이 이웃 주민들에게 나누어주는 역사가 있어야 합니다.

다른 말로 하면 전도하기에 게으르지 말자는 뜻입니다. 뿐만 아니라, 한 걸음 더 나아가서는 지역 주민에게 지탄의 대상이 되지도 말아야 합니다. 사람들이 지탄을 받는 사람들에게서 얻을 유익이 무엇일까 생각하지 않겠습니까? 그런 사람들이라면 고개를 돌리고 상종도 하지 않으려고 할 것입니다. 만약 이런 일이 있다면 분명히 우리의 삶에 문제가 있는 것이겠지요? 예! 분명히 있습니다.

교회를 바라보는 지역 주민들이 교회에 대해 거부감을 갖는다면, 그곳엔 분명한 그들의 이유가 있습니다. 그런데도 우리가 그것을 무시하고 무조건 지역 주민만을 탓한다면 그 교회는 결코 주님이 기뻐하시는 교회가 될 수 없을 것입니다. 그런 일은 거듭난 성도들이 해야 할 일이 아닙니다.

우리는 먼저 교회 성도들이 과연 얼마나 지역 주민들과 복음적인 교제를 진솔하게 가졌는가 하고 자문해 보아야합니다. 그리고 정직하고 공정한 대답을 해야 합니다. 또한 그 대답 앞에 스스로 부끄럽지 말아야합니다.

그러기 위해서 교회는 지역 주민들에게 칭송을 받을 일을 많이 해야 합니다. 그것이 무엇이겠습니까? 교회의 사명을 수행하는 것입니다. 교회의 사명이 무엇입니까? 예배와 교육과 선교와 봉사, 섬김입니다.

포항중앙교회의 기본목표는 여기서 출발했습니다. 치료하는 교회, 양육하는 교회, 선교하는 교회. 이것이 우리 교회의 기본 목표입니다.

인격적으로 비뚤어진 사람, 영적으로 모자라는 사람들이 교회에

와서 예수의 이름으로 치료를 받게 합니다. 그래서 건전하고 건강한 정신의 온전한 그리스도인으로 치유 되어야 합니다. 그리고 예수의 사람으로 양육 받은 그들이 온전한 성도의 모습으로 세상에 다시 나가서 내가 속한 가정과, 직장과, 사회를 아름답게 그리스도의 나라로 변화시키는 힘을 발휘하는 것, 이것이 우리 교회가 추구하는 본연의 모습입니다.

이웃 주민과 복음적 교제를 이루는 방법은 여러 가지가 있을 것입니다. 사랑을 실천해야 할 것입니다. 이해하고 양보하는 아름다움이 실천되어야 할 것입니다. 봉사하는 자세를 갖추고 구제와 나눔의 삶을 실천해야 할 것입니다. 더불어 사는 것이 바른 삶임을 깨달아 생활 속에 항상 너와의 아름다운 관계를 생각하는 지혜도 있어야 할 것입니다. 이기적인 사고에 길들여진 어제의 나를, 공동체의 유익을 위한 삶으로 훈련받는 오늘의 나 자신으로 길러야 할 것입니다.

예수님의 가르침대로 겸손하고 섬기기를 좋아하며, 낮아지고 화평하는 사람, 이 사람이 이웃과 교제하는 코이노니아의 사람입니다. 화평케 하는 자는 하나님의 아들이요 딸입니다(마5:9). 이것이 교회의 참 모습입니다. 당신은 그 일에 부르심을 입은 하나님의 사람입니다. 당신을 축복합니다.

7

우리 교회와 나는?

주님의 말씀 앞에, 준엄한 심판대 앞에
오늘은 스스로를 세워 생각해봅시다.

몇 해 전 11월의 어느 날, 다른 날보다 체감온도가 떨어진다는 추위가 사람들의 옷깃을 파고들던 날, 한국교회의 대표적인 서울의 K교회 담임목사님이 서울 동부지원 형사 1부 법정에 섰습니다. 법정에서 이 사건의 1심 종결 판결로 판사로부터 징역 3년, 집행유예3년, 벌금 750만원을 선고받았습니다. 이유는 교회 헌금 횡령 및 배임혐의입니다.

그 날, 법적인 판결문과는 별도의 준엄한 경고의 소리가 있었습니다. 재판부가 K 목사에게 내린 준엄한 경고는 날카로운 비수로 폐부를 찌르는 강력한 질타의 소리였습니다.

"교회가 스스로 돈과 출세라는 싸움의 대상물을 만들어낸다면 왜 교회가 있겠습니까? 처음으로 돌아가 작은 것부터 실천하며 목사로서의 소명과 사명을 이루는 모습을 보고 싶습니다."

판사의 이 질타는 그 날의 추위보다 더 아린 꾸지람으로 재판정에 함께 했던 그리스도인뿐만 아니라 그 상황을 뒤늦게 알게 된 이 땅의

모든 목회자들의 가슴을 파고드는 참으로 엄중한 책망이었습니다.

사회가 균형을 잃을 때 균형을 잡아주어야 할 교회, 정치나 사회 지도자들이 올바른 삶을 행보하지 못할 때 책망하고 선도해 할 목사가, 사회 법정에서 가슴 쓰라린 책망을 들어야 하는 오늘의 한국교회를 돌아보면서 우리교회를 생각했습니다.

오늘의 한국교회를 두고 걱정하지 않는 사람은 거의 없습니다. 그것은 교회가 교회로서의 정체성을 잃어버리고 존재 의미를 상실한 탓이기 때문일 것이며, 그 이유는 교회 지도자들이 영적 리더십을 잃어버리고 방황하고 있기 때문일 것입니다.

왜 오늘날 교회 지도자들이 방황하는가? 그것은 본질과 비본질, 영적인 것과 육적인 것, 영원한 것과 멸망할 것을 바르게 분별할 수 있는 판단력도, 능력도 잃어버렸기 때문입니다.

교회 성장과 비례하는 두 가지 병폐가 있습니다. 한국교회 원로이신 임택진 목사님이 지적하신 두 가지 병폐의 하나는 신행불일치(信行不一致)의 병이고, 다른 하나는 목사와 장로의 갈등이라는 병이 그것입니다.

백번이고 옳은 말씀이라 생각합니다. 그리고 눈을 감고 묵상해 보면, 어느 교회를 무론하고 모두가 이 두 가지 병이 곪아 터질 지경으로 깊어졌는지도 모를 일이라는 생각을 합니다. 그래서 도처에서 터지고 찢어지는 소리가 멈추지를 않는 지도 모릅니다.

저는 다른 의미의 두 가지를 지적하고 싶은 것이 있습니다. 하나는 소명 없는 목회자의 병이고, 다른 하나는 사명 없는 그리스도인의 병입니다. 소명이 없다는 것은 지도자로서의 기본자세가 되어 있지 않은 것이고, 사명이 없다는 것은 주님과의 만남을 통한 거듭남의 경험이 없다는 것입니다. 그러니 하나 같이 세상 사람들이 생각하는 것 이상을 생각하지 못하고, 세상 사람들이 추구하는 것 이상의 것을 추구하지 못하는 것입니다. 결국은 유다의 걸음을 걸어가고 있는 것입니다. 그것이 한국교회를 황폐하게 하는 근본 원입니다.

사도 바울은 먼저 주님을 만나 거듭남을 체험했기 때문에 세상 사람들이 생각하고 추구하는 모든 것을 분토처럼 버릴 수 있었습니다. 그리고 땅의 것이 아닌 하늘의 것을, 썩을 것이 아닌 영원한 것을, 육신의 소욕이 아닌 영적인 소망을 최고의 가치로 생각할 수 있었습니다. 그리고 더 나아가 부르심에 응답함으로 소명의 의미를 깨달아 살고 죽음이 주를 위한 것이라 고백하면서 일생을 달려갔습니다. 그는 주님의 가르침을 가르치고 주님의 뜻을 이루어 가는 목회자로 생명 다해 그 사명을 수행했습니다.

우리교회는 어떤가? 목사인 나는 어떠하며, 성도들은 어떠한가? 주님의 말씀 앞에, 준엄한 심판대 앞에, 오늘은 스스로를 세워 생각해 봅시다. 당신은 어떠하십니까?

8

나, 너, 그리고 우리

길지 않은 인생길에서
공감할 수 있고 편히 기댈 수 있는 이웃을 만나는 것보다
더 행복하고 아름다운 것은 없을 것입니다.

인간은 관계적 존재로 오늘을 살아갑니다. 관계 속에서 만나고 그 만남에 의하여 모든 것이 결정되고 형성됩니다.

만남의 중요성을 일깨운 신학자는 '마틴 부버(Martin Buber)' 입니다. 그는 1923년에 쓴 자신의 저서 「나와 너-Ich und Du ; I and Thou」에서 만남의 중요성을 강조하였습니다. 부버는 '나-너' 와 '나-그것' 이라는 두 개의 근원어로 세상을 분석하였습니다. 부버가 직접 드는 예로 그 근원어를 쉽게 설명하면 다음과 같습니다.

'우리가 나무와 만날 때는 '나-그것' 의 관계로 만난다. 왜냐하면, 생물 종(種)의 하나로 나무를 분류하기도 하고, 가구 재료로 쓰기 위해 몇 그루인지 수로 표시할 수도 있기 때문이다. 그러므로 이런 만남은 '나- 그것' 이라는 관계의 만남이다.

그러나 나무와 내가 '나-너' 의 관계로 만날 때도 있다. 그 때 나에게 나무는 단순히 감상하고 이용하는 '그것' 이 아니라, 내 전부를 바

처 사랑하는 '너' 로 나타난다. '그것' 은 '번데기' 요, '너' 는 '나비'
다. '그것' 은 언제든지 '너' 로 내게 다가올 수 있다. 그리고 그 '너
(본질적으로 번데기)' 는 다시 '그것' 으로 바뀌기도 한다. 사람과 사
람 사이의 만남도 거의 그렇다. 만약 우리의 만남이 '나-그것' 으로 서
로를 대하는 관계의 만남이라면 거기에서 진정한 '만남
(Begegnung)' 은 없다. 그래서 인간은 근원어인 '나 - 그것' 의 지배
아래 스스로 갇혀 신음하면서 "나 - 너"를 말할 수 있는 기쁨을 잃어
버렸다.

부버의 다시 "너"에 대한 존재 해석을 "영원한 너"는 '하나님' 이
라는 사실을 역설합니다. 그러면서 인간의 인간다운 삶의 회복은 "나
와 너(영원한 너)"의 만남이 이루어질 때 가능하다는 사실을 밝히고
있습니다. 부버의 갈파처럼 '너(하나님)' 와의 진정한 만남을 통한
'우리' 라는 아름다운 공동체와의 만남이 이루어질 때 비로소 인간의
살아있는 기쁨의 감동은 시작됩니다.

인간 생활에서 있어서 '만남' 은 그 어떤 것보다 중요합니다. 그 중
요한 근원적인 만남이 바로 하나님과의 만남입니다. 하나님과의 만
남은 궁극적인 만남입니다. 그리고 교회는 '그 만남' 의 공동체로서
'우리' 입니다. 거기서 하나님과의 만남이 깊어지고 같은 뜻과 목적
을 가진 성도들이 만납니다. 교회를 통하여 이 같은 만남이 이루어질
때 성도들은 세상의 죄악과 싸워 이길 수도 있고 승리할 수도 있습니
다. 그러므로 사람들은 교회 생활을 통해서 인간 생활의 진정한 안식
과 평안을 발견하고 경험할 수 있게 되는 것입니다.

스위스 퀴리히 태생의 조직 신학자 '에밀 부루너(Emil Brunner)'

의 저서 중에는 「만남의 진리(Wahrheit als Begegnurg)」라는 것이 있습니다. 부루너는 이 책에서 '만남으로서의 진리' 개념에 '인간' 을 '책임을 가진 주관자인 존재' 라고 말합니다. 그러므로 "하나님과 인간과의 만남의 관계는 '신적인 당신과-자유로 응답하는 인간 사이의 인격적인 만남' 이 이루어질 수 있다."고 전제를 하였습니다. 부루너가 이 글에서 강조하고자 하는 것은, 우리가 하나님을 만난다는 것은 하나님이 당신 자신을 우리에게 열어 보여 주심으로써만 가능하다는 것입니다. 그리고 이 사실을 제대로 이해하고 받아들이는 사람은 그 자신의 삶을 송두리째 하나님께 맡기게 된다고 합니다. 그럴 때 여기서 비로소 인간의 근본적인 변화가 일어나게 되는데 이것을 '신앙의 사건' 이라고 했습니다.

많은 사람들은 만남에 대하여 갈증을 느끼고 살아갑니다. 왜냐하

면 대부분의 사람들이 일치하고 싶은 만남의 대상을 만나기가 어렵고, 정신적인 합일의 대상을 만나기는 더욱 어려우며, 자기에게 있는 모든 것을 아낌없이 주고 싶은 대상을 만나기란 더더욱 어렵기 때문입니다.

많은 사람과의 만남 가운데 어떤 사람과 마주하면 알 수 없는 안도감이 일어나는 만남이 있습니다. 또 어떤 사람을 만나면 따뜻한 정감이 일어나며, 어떤 사람을 만나면 평안한 행복감을 느끼기도 합니다. 그런 사람을 만나고 나면 그 사람이 더욱 보고 싶어지고 다시 만나면 말할 수 없는 평안함을 느끼는 것이 우리들의 삶의 자리입니다.

길지 않은 인생길에서 공감할 수 있고 편히 기댈 수 있는 이웃을 만나는 것보다 더 행복하고 아름다운 것은 없을 것입니다. 그렇기 때문에 인생에 있어서 결코 소홀히 해서는 안 될 것이 만남입니다.

인생이란 무엇인가? 만남입니다. 너와 나의 만남에서 아름다움과 감격과 기쁨과 고뇌까지도 함께 하는 것, 그것을 서로 나누는 것, 그것이 교통이며 교제입니다. 거기서 두터운 우정과 깊은 신뢰와 생명을 주어도 아깝지 않을 사랑이 자라나는 것입니다. 그것이 인생입니다.

이별 없는 인생이 없고 헤어짐 없는 만남이 없습니다. 그러나 일생을 살아가는 동안 영원히 이별이 없고 헤어짐이 없는 아름다운 만남, 행복한 만남, 소망이 있고 생명이 있는 만남이 있습니다. 그 만남은 곧 하나님과의 만남입니다. 거기서는 진정한 나와 너, 그리고 우리의 관계가 조화를 이루고, 행복을 느끼며, 감동을 경험하게 됩니다. 당신은 오늘 그 만남 속에 계십니까? 그 만남 가운데 있는 당신은 행복한 사람입니다.

9

오늘은 어떤 만남입니까?

길지도 않은 인생길을 가면서
미워하고 원망하며 짜증나는 만남을 만들 필요는 없습니다.
이해하고 용서하면서, 사랑하면서 살아가는 만남이 행복입니다.

예수님께서 요한복음 4장의 우물가에서 한 여인을 만났습니다. 그녀는 유대인이 상종해 주지 않는 사마리아 사람이었습니다. 남성 편력이 심했는지 어쨌는지 알 수는 없지만 그녀는 남편을 다섯 번이나 갈아치운 여인이었습니다. 그런 자신의 과거 때문에 여인은 사람들의 눈을 피해 생활할 수밖에 없는 가련한 인생이었습니다. 요즘 시대로 말하자면 대인기피증을 앓고 있는 여인이지요. 그래서 이 여인은 삶과 인간관계에서 심한 갈증과 아픔을 느끼고 있었습니다. 그런 사람에게 무슨 소망이 있고 기쁨이 있었겠습니까. 참으로 슬픈 삶을 사는 여인이었습니다.

그런데 이 여인이 예수님을 만나서 영원히 목마르지 않는 생수를 얻게 되었습니다. 삶의 의미와 가치를 깨닫게 되고 자신의 존재 의미를 발견하게 되었습니다. 이 만남은 절망에서 희망으로, 죽음에서 삶으로의 대 반전이 일어나는 기적의 만남이 되었습니다.

누가복음 10장에는 강도 만나 죽어가는 사람이 있습니다. 그가 상해를 당해 쓰러져 땅에 누운 채로 제사장과 레위인에게 발견이 되었습니다. 그러자 그들은 죽어가는 사람을 무심하게 지나쳐 가버렸습니다. 시간이 지날수록 이 강도 만난 이는 죽을 수밖에 없는 절박한 위경에 놓이게 되었습니다. 그 때 그를 거들떠보지도 않고 지나가버린 거룩한 제사장과 레위인의 뒤를 이어 그들이 개 취급을 하여 상종도 하지 않는 사마리아 사람이 지나갑니다.

사마리아인은 강도만나 죽어가는 이를 버리지 않았습니다. 외면하지 않았습니다. 그의 생명의 은인이 되어주었습니다. 사마리아인과 강도만나 죽어가는 이의 만남은 생명의 만남이 되었습니다. 사랑의 만남이었습니다. 다시 주어지지 않을 아름다운 만남이 되었습니다. 정말 빛나는 극적인 만남입니다.

한국 축구사에 남을 월드컵 4강의 신화적인 결과도 대표선수들이 '히딩크' 감독을 만남으로 가능했었다고 언론은 보도했습니다.

'헬렌켈러'가 '설리번'을 만나 인류의 빛이 된 것도, '슈바이처' 박사가 어릴 적에 아프리카 선교사 '카잘리스' 선교사의 간증을 듣고 뒤늦게 의학을 공부하여 아프리카로 들어가 죽어가는 생명을 살린 성자가 된 것도, 생명과 사랑의 만남이 전해주는 아름다운 실화입니다. 감동이 있는 만남입니다.

이런 은혜로운 만남이 있는가하면 일생을 살아가면서 아름답지 못한 만남을 통한 어둠의 삶을 살아가는 경우도 있습니다.

에덴에서의 아담과 뱀의 만남은 인류역사를 어둠과 불행으로 만들어 놓는 나쁜 만남이었습니다.

가룟유다와 대제사장들과의 만남은 예수님을 은 30에 팔고 역사에 영원히 죄를 짓는 불행의 만남이었습니다.

빌라도와 유대 백성들과의 만남은 악한 죄인 바라바를 놓아주고 하나님의 아들 예수를 십자가에 못 박아 버리는 결과를 가져왔으니 그들에겐 소망이 끊긴 영벌만이 남은 만남이었습니다.

아합 왕과 이세벨의 만남은 천추에 후회할 멸망의 만남이었습니다.

이런 극명한 두 갈래의 만남이 역사 속에 면면히 흘러 우리 앞에 있거늘, 오늘을 살아가는 사람들은 만남의 의미를 알지도 못하고, 깨닫지 못하며, 참 기쁨과 감격을 경험하지를 못한 채 어둠 속에서 방황하고 있습니다. 참으로 딱합니다.

일생의 여정 길을 가는 동안 사람에게는 중요한 세 번의 만남이 있습니다. 첫째는 부모님과의 만남입니다. 어떤 부모님을 만나느냐에

따라 일생이 좌우되기도 합니다. 둘째는 선생님과의 만남입니다. 어떤 선생님을 만나느냐에 따라 거기서 인격과 삶이 망가지기도 하고 세워지기도 합니다. 셋째는 배우자와의 만남입니다. 이 만남을 통해서 행복과 불행이 결정되기도 합니다. 특별한 경우를 제외하고는 누구에게나 인생들에겐 이 세 번의 중요한 만남이 있습니다. 이 만남은 인생의 가장 기본적인 만남입니다.

이 세 번의 중요한 만남 위에 마지막으로 또 하나의 가장 중요한 만남이 있습니다. 그것은 생명과의 만남입니다. 영원한 사랑과의 만남입니다. 이 만남은 예수 그리스도와의 만남입니다. 우리는 이 만남을 통해서라야 만이 진정한 삶의 의미와 가치를 깨닫고 살아갈 수 있습니다. 이 만남에서는 날마다 삶의 감동을 경험합니다. 영원한 생명의 기쁨을 매 순간마다 경험하면서 살아갑니다.

어느 누구도 예외가 될 수 없는 필연의 더불어 사는 세상에서 만남이란 참으로 중요한 것입니다. 그러므로 그 만남이 '어떤 만남인가' 하는 것은 너무도 중요합니다.

길지도 않은 인생길을 가면서 미워하고 원망하며 짜증나는 만남을 만들 필요는 없습니다. 이해하고, 용서하고, 사랑하면서, 품어주면서 살아가는 만남을 만드는 것이 진정한 행복입니다.

오늘 당신의 만남은 어떤 만남입니까?❀

10
하나님과의 만남이 있습니까?

우리의 모든 필요를 아시고
그 필요를 따라 은혜를 베푸시는 하나님이십니다.

"목사님의 설교를 듣다가 정신이 번쩍 들었습니다. 귀에는 천둥치는 소리로 들렸는데 왜 그런지 마음은 형언할 수 없는 평안이 밀려오면서 눈물이 하염없이 쏟아졌습니다. 모태신앙생활을 하면서 처음으로 하나님과의 만남을 경험했습니다."

얼마 전 부흥사경회에서 은혜를 받았다는 한 집사님이 보내온 진솔한 고백의 메일 내용 중 일부입니다.

은혜가 무엇인지도 모르고 훌쩍 40을 넘긴 모 장로님의 아들은, 벌써 두 아이의 아버지이며 제법 괜찮은 직장의 간부로 다복한 생활을 하고 있었지만 진정한 삶의 행복이 주 안에 있음을 늦게서야 깨닫게 되었다는 고백이었습니다.

은혜란 구약에서는 '헤세드(חֶסֶד)', 또는 '헨(חֵן)' 으로 표현하는데 이 두 단어는 70인역(LXX)에서는 모두 '카리스($\chi\acute{\alpha}\rho\iota\varsigma$)' 로 번역되고 있습니다. 이 단어가 갖고 있는 기본 어근은 다음과 같은 의미들 입니다.

첫째는 하나님의 구원 행위, 둘째는 하나님의 축복과 은사들, 셋째는 하나님의 용서하심, 넷째는 보호와 안위 등입니다.

헬라어 '카리스($X\acute{\alpha}\rho\iota\varsigma$)' 는 하나님의 은혜, 기쁨, 호의, 선물, 감사 등으로 번역되고 있는데, 그 가운데서 무엇보다도 가장 많이 '하나님의 은혜' 로 사용되는 단어입니다.

사도 바울에게 있어서 '카리스($X\acute{\alpha}\rho\iota\varsigma$)' 는 그리스도 안에서 우리에게 임하신 구 속의 은총을 가리키는 말입니다. 이와 비슷한 뉘앙스에서는 "그리스도의 복음" 을 말하고 있기도 합니다. 다시 말하면 '카리스($X\acute{\alpha}\rho\iota\varsigma$)' 는 예수님의 성육신과 죽음, 그리고 부활 생명을 통하여 인간을 향해 베풀어진 하나님의 자비로 해석되는 것입니다. 곧 아무 자격도 없는 우리들에게 베풀어진 하나님의 사랑을 말하는 것이지요. 이 은혜로부터 용서의 축복, 하나님과의 화평, 구원, 그리고 하나님께 복종할 수 있는 힘, 교회에서의 섬김을 위한 각양의 은사들이 우리들에게 주어지는 것입니다.

우리가 살아가는 세상은 불확실하고 시시각각으로 변하는 여러 가지 형편과 처지 때문에 항상 희비가 엇갈립니다. 이와 같이 변화무쌍한 불안정의 삶의 자리에서 우리는 어려우면 어려운 대로, 기쁘면 기쁜 대로 하나님의 도움이 언제나 필요한 존재들입니다.

우리의 삶의 모습은 천태만상으로 다양합니다. 성공하고 싶지만 실패할 때가 더 많습니다. 기쁘게 살고 싶지만 슬프게 살 일이 더 많습니다. 희망으로 살고 싶지만 절망에 빠질 때도 있습니다. 감사함으로 살고 싶지만 불평하며 살 때도 있습니다. 건강하게 살고 싶지만 병약할 때가 있습니다. 믿음 안에서 살고 싶지만 세속적으로 살 때도 있습니다. 정말 잘 살고 싶어서 아무리 몸부림을 쳐도 잘 되지 않습니다.

'어떻게 해야 아름답고 복된 삶을 살 수 있을까? 어떻게 하면 될까?' 이럴 때 하나님의 도우심이 필요한 것입니다. 하나님의 도우심을 입는 것이 성도의 삶입니다. 하나님이 도와 주셔야만 우리의 모든 삶이 평안하고 복되고 아름답습니다.

하나님은 우리의 모든 것을 다 아십니다. 앉고 서는 것도 아십니다. 마음의 생각도 아십니다. 눕고 일어나는 것도 아십니다. 어려운 문제도 아시고, 괴로운 사정도 아시며, 억울한 일도 아십니다. 그래서 하나님은 우리의 모든 필요를 아시기 때문에 그 필요를 따라 은혜를 베푸시는 분이십니다.

　이 은혜를 얻기 위하여 하나님 앞에 나아가야 합니다. 그것이 하나님을 만나는 것입니다. 거기서 기쁨으로 충만한 삶을 사는 것이 그리스도인의 삶입니다.

　슬픈 얼굴로 나아왔으면 기쁜 얼굴로 회복시키시는 은혜를 주십니다. 두려움으로 나아 왔으면 평안의 마음을 주십니다. 무거운 죄 짐을 가지고 나아왔으면 사죄의 은혜를 베푸십니다. 소원을 갖고 나아왔으면 소원 성취의 은혜를 주십니다. 그것이 하나님과의 만남입니다.

　당신은 하나님과의 만남을 경험하셨습니까?

　하나님은 당신이 주님 앞에 나아오기를 기다리고 계십니다. 두 팔을 벌리고 서서 오직 당신을 기다리고 계십니다. 그 하나님을 만나십시오. '하나님 아버지!' 하고 불러보십시오. 가만히 다가와 어루만져 주시는 그 분을 느낄 수 있을 것입니다. 그 주님을 만나십시오.

11

포항 시장님의 눈물

시장님은 자신이 섬기는 시민 가운데
이처럼 절박한 사람이
수 없이 많다는 사실에 울어야 했습니다.

사순절도 다섯 번을 지나던 주일입니다. 하루 한 끼 금식운동, 동전 모으기 운동, 한 사람 전도운동, 한 주간 동안 좋은 일 하나 하는 운동이 계속 되었습니다. 우리에게 사순절기간은 있는데 사순절의 은혜가 없는 그리스도인의 삶이 있음에 우리를 또 다른 아픔을 갖게 하는 일들도 있었습니다. 그런 중에 '내가 그 사람이 아닌가?' 하는 자괴지심이 생길 때도 있었습니다.

우리의 기쁨이며 포항시민의 자랑이었던 우리교회 정장식장로님이 포항 시장으로 지내 던 얼마 전의 일입니다. 장로님은 어느 날 한 통의 편지를 받습니다. 내용인즉 도저히 살아갈 희망이라고는 좁쌀만큼도 없는 세상, 그래서 참으로 가슴이 아프지만 세상을 하직하고 싶다는 사연이 적힌 어느 시민의 편지였습니다.

놀란 시장님이 긴급히 그 분이 살고 계시는 동네의 동장님께 비상

연락을 취하고, 동장님은 통반장을 통해 그 분을 수소문하여 1차 만남을 가졌습니다. 그리고 간곡히 권유하여 시장님과 마주앉게 되었습니다. 이런 저런 사정을 듣고 난 시장님은 자신이 섬기는 포항시민 가운데 이처럼 절박한 시민이 수 없이 많다는 사실에 울어야 했습니다.

만남이 있고 난 후 시장님은 이 건을 시청 간부들과 의논하여 실제로 절박한 상황에 처한 어려운 가정 실사(實査)에 들어갔습니다. 그리고 그 가운데 100 가정을 우선 선정하여 각 기관단체와 자매결연을 맺는 운동을 전개했습니다. 장로님은 그 분들로 하여금 희망을 잃지 않고 살아갈 수 있도록 기반을 조성해 주었습니다. 자매결연을 맺은 단체가운데 포항의 자랑인 세계적인 기업 포항제철이 앞장서서 이 아름다운 일에 동참하게 된 이야기는 참으로 큰 감동이었습니다.

우리와 함께 이웃하고 살아가는 이웃들 가운데는 이와 같은 시민이 얼마나 많은지 모릅니다.

신실한 그리스도인 정장식 장로!

교회에서 배운 대로 오른손이 하는 것을 왼손이 모르게 하라는 가르침대로 그 아름다운 이야기를 묻어 두었지만, 이 아름다운 이야기는 입에서 입으로 전해지기 시작했고 마침내 저까지 듣게 되었습니다. 그런데 그 때는 이미 이 선행이 있고 난지도 한참 후의 일이었습니다. 내용 없는 정치인 같았으면 이런 일을 전개하면서 사진을 찍고, 방송에 연락을 하며 야단법석을 떨었을 것입니다. 그러나 장로님은 오히려 이 일이 시장인 자신에게 더 없는 부덕으로 여겨져 죄스러운 마음뿐이었습니다. 시민들의 민생을 잘 돌아보아야 할 책임이 있는 정부 관리이며 하나님이 주신 섬김의 직분자로서의 본분을 소홀히

한 아픔으로 느껴져 소리 없이 삶의 자리가 황량한 사막 같은 시민들을 찾아 나섰던 것입니다.

참으로 우연한 기회에 우연히 이 아름다운 이야기를 듣고 장로님에게 확인했을 때 그는 얼굴을 붉히면서 알려지는 것 자체가 부끄럽다는 듯 손을 가로저었습니다. 그리고 오히려 모든 영광을 포항제철을 중심으로 한 각 기관단체장에게로 돌리는 것이었습니다. 그 모습에서 나는 포항시민으로서, 그 분을 섬기는 목회자로서의 또 한 번의 행복을 느꼈습니다. 그것은 사순절의 은혜였고 감동이었습니다.

성경 한 구절이 떠올랐습니다. 사무엘하 24:11절입니다.

"다윗이 아침에 일어날 때에 여호와의 말씀이 다윗의 선견자 된 선지자 갓에게 임하여 가라사대"

그렇습니다. 위대한 왕 다윗에게 선견자(先見者) 갓 선지자가 있어서 다윗의 길을 하나님이 말씀하시는 대로 안내했던 것처럼, 주님께서 나에게 주시는 말씀으로 포항시장님의 걸음을 선하게 안내할 선견자로서의 사명이 목사인 제에게 있음을 깨닫고 하나님이 시장님을 다윗같이 쓰시리라 확신하면서 시장님을 위한 엎드림의 시간이 더욱 많아졌습니다.

이것은 저만의 중보가 아니었을 것입니다. 그 분의 중심과 걸음을 아는 우리 교회 모든 성도 동역자들이 함께 나아갔을 것을 믿어 의심치 않습니다.

매일 새벽기도회에 참석하여 포항시민의 행복을 위해 눈물로 기도하는 시장님의 그 모습에서 우리는 오늘의 감동과 내일의 포항의 행복을 조망했습니다.

우리 정부의 최고 책임자인 이명박 대통령을 위해서도 우리가 기도하기를 쉬는 죄를 범치 말기를 당부합니다. 장로님은 아무리 바쁜 국정 속에서도 날마다 새벽에 일어나 하나님 앞에 무릎 꿇기를 쉬지 않는다는 아름다운 소식이 가장 측근에서 섬기는 보좌관으로부터 들려옵니다. 아무도 보지 않아도, 어느 누가 알아주지 않아도 하나님 앞에서 섬기는 종으로 이 나라를 섬겨가기를 원하며 기도하는 장로님의 손을 우리가 함께 중보로 잡아주어야 할 것입니다. 그것이 이 나라 대한민국을 위하여 중보하는 것입니다. 하나님의 말씀을 순종하는 것입니다.

해마다 돌아오는 사순절, 그리고 오늘도 주어진 우리의 한 날의 삶을 하나님 앞에서 모두 절제와 경건으로 단장하고, 나의 도움이 필요한 작은 자 된 이웃을 한 번 더 돌아보는 오늘의 시간이 되기를 기도합니다.

12

누구에게나 있는 고난

인간은 누구에게나 고난이 있습니다.
다만 느끼는 정도에 따라 그 경중의 가중치가 다를 뿐입니다.

어느 날 예배당 마당 의자에 앉아 있는 성도님 곁에 다가가 함께 앉았습니다.

"목사님, 질문이 하나 있습니다. 정말 정직한 고백인데 저 같은 사람, 정말 최선을 다해 살고 있거든요. 거짓말 할 상황도, 남의 것을 사기할 능력도, 다른 사람에게 해를 입힐 처지도 아니고, 오직 주어진 생활에 최선을 다해서 살거든요. 그런데 왜 상대적으로 이렇게 고난의 세월을 살아야 합니까?"

반은 하늘을 바라보고 반은 저를 바라보는 눈은 이미 촉촉이 젖어 있었고, 의자에 앉은 몸은 앙상한 뼈만 남아 있었습니다. 그래도 살아가고자 하는 의지만은 그 눈빛 깊은 곳에 담겨 있었습니다. 자신의 내면을 성토하는 한 장애인 성도의 질문은 어떤 면에서는 절규였습니다.

그의 마른 손을 잡고 제가 목사로서 들려 준 한 마디가 있었습니다.

　"인간은 누구에게나 고난이 있습니다. 다만 느끼는 정도에 따라 그 경중의 가중치가 다를 뿐입니다. 참 죄송한 말씀이지만 목사인 저에게도 성도님들이 생각하는 것 이상의 고난이 있습니다. 다만 고난 그 자체를 수용하고 그 의미를 깨닫기 때문에 객관적으로 볼 때 목사는 날마다 행복해 보일 뿐입니다."

　우리는 인생의 도상에서 우리가 원하지 않는 다양한 고난을 경험합니다. 그것이 신체적이든, 정신적이든, 물질적이든, 그 어떠한 것이든지 말입니다. 그러한 불행한 일들을 만날 때 우리가 힘든 것은 고난 그 자체 때문이 아니라 그로 인하여 일어나는 어쩔 수 없는 부정적인 생각 때문입니다.

　어떤 경우이든 고난을 당할 때 주저앉게 하는 것은 절망과 소외감입니다. 더 나아가 그것이 심화되어지면 죄책감과 두려움이 엄습하면서 때로는 스스로의 삶을 포기하기도 합니다.

　예수님 당시에도 그것은 마찬가지였습니다. 문둥병자의 실상이 그렇고, 날 때부터 소경되고 앉은뱅이 된 자들이 그러하며, 38년 된 중풍병자의 하루하루의 삶이 그러했습니다. 그들의 삶은 그 어디서도 희망이 보이지 않았습니다.

　그러던 어느 날 그들이 예수님을 만나게 됩니다. 예수님을 만남으로 인하여 그들은 자신을 보았습니다. 세상을 보았습니다. 하나님을 보았습니다. 그리고 그들의 삶은 고난 그 자체를 뛰어넘는 그 어떤 것을 생각하게 됩니다.

요한복음 9장의 날 때부터 소경된 자를 세워두고 "조상의 죄입니까?" "자신의 죄입니까?"라는 질문으로 극단적인 답을 얻기를 바랐던 사람들에게 예수님께서 들려주신 말씀이 있습니다. 그 말씀은 오늘을 살아가는 사람들에게 생명의 메시지가 되었습니다.

"그 누구의 죄도 아닌 하나님의 영광을 나타내기 위함입니다."

이 말씀에서 우리가 깨닫는 것은 어떤 사람에게도 하나님은 함께 하시고, 하나님의 시간을 통해 하나님 당신의 뜻을 이루어 가신다는 것입니다.

하나님 앞에서는 인간의 척도인 소위 잘난 자와 못난 자의 구별이 없습니다. 하나님은 인간의 시간 속으로 오셔서, 인간의 현재를 통해서 하나님의 일을 나타내심으로 인간이 살아가는 의미를 깨닫게 하십니다.

그것을 한 마디로 요약하면 '생명에로의 전환' 입니다. 즉 희망을 갖게 하고 새로운 의미와 가치를 부여함으로 인간의 가치와 판단 기준이 아닌 하나님의 공의와 사랑을 나타내고 그것을 보게 하신다는 말씀입니다. 이것을 깨달을 때 상대적으로 행복한 사람이 고난 가운데 있는 사람을 정죄하지 못하고 판단하지 못합니다. 오히려 고난 그 자체를 통해 하나님의 뜻을 보는 눈을 열고 보다 아름다운 삶을 엮어 갈 수 있는 것입니다. 그것이 그리스도인의 깊고 넓은 복음의 삶입니다.

여러분의 오늘의 고난은 무엇입니까? 그 고난의 의미가 무엇인지를 바르게 깨달아 성숙한 그리스도인의 삶을 살게 되시기를 기도합니다.

13

부활 신앙인의 하루

한 알의 밀알이 썩어지듯 희생과 봉사와 섬김을 통해서
너와 나의 삶이 부활신앙인의 하루가 되는 것입니다.

고난 주간을 보내면서 금식과 경건과 절제의 생활로 몸은 지쳐있으나 마음은 어느 때보다 행복하게 지내던 중 제 마음을 감동케 하는 메일이 한 통 들어왔습니다.

"목사님, 저는 P교회 K집사라고 합니다. 아침에 출근을 하다가 참으로 가슴이 찡한 감동스러운 장면을 보고 몇 번 망설이다가 목사님께 이 글을 올립니다. 죽도 초등학교 앞을 통과하려 할 때 신호등에 걸려 정차를 하고 다음 신호를 기다리고 있는 동안 건널목 교통 안내를 하는 한 어른을 보았습니다. 그분은 제가 다니는 포항제철에 근무하시다가 독립을 하셔서 계열 회사를 운영하시던 사장님 신승근 집사님이십니다. 목사님이 그분을 아시는지 모르겠지만 그 봉사하시는 모습을 본 순간 저도 집사이지만 얼마나 가슴이 찡했는지 모릅니다.

제가 목사님께 이 글을 올리는 데는 세 가지 이유가 있습니다. 하

나는 그 동안 교통 안내를 하시는 분들이 포항중앙교회 성도님들이라는 것은 알았지만 그냥 지나쳤고, 둘째는 신승근 사장님이 그곳에서 교통안내를 서시는 것을 보고 포항중앙교회에 대하여 더 깊은 관심을 가지게 되었으며, 셋째는 익히 목사님의 목회리더십에 대해서는 듣고 있었지만 어떻게 신승근 사장님 같은 분이 퇴임을 하시고 저렇게 봉사할 수 있는지, 그렇게 신앙지도를 하시는 목사님의 탁월한 지도력에 감동했기 때문입니다.

오늘 하루는 잔잔한 감동으로 근무를 할 수 있었습니다. 포항중앙교회 선교관 종탑층에 새겨진 〈행복한 포항〉이라는 글귀가 새삼 생각나서 포항인으로 살아감이 행복함을 목사님께 외람되지만 한 말씀 올리게 되었습니다.”

저는 곧 그분에게 답글을 보냈습니다.
“감사합니다. 그것은 목사의 리더십이 아닌 그분의 신앙이며 그분

의 인격입니다. 그분으로 인하여 목사가 높임을 받게 됨이 송구할 뿐
입니다. 많은 분들이 그렇게 주님과 함께 주님 앞에서의 삶을 엮어내
고 있습니다. 그것이 부활 신앙인의 삶이 아니겠습니까? 이 땅의 그
리스도인들을 통하여 주님이 높임을 받았으면 좋겠습니다."

부활 신앙인의 삶!
그렇습니다. 사람 살아가는 날들이 왜 아픔이 없고 눈물이 없겠습
니까. 그러나 그 모든 것을 수용하고 극복하는 삶을 살아가는 것이 그
리스도인의 부활신앙입니다.

미국의 대통령을 지내신 지미 카터 집사님이 퇴임 후 예전에 섬기
시던 교회 주일학교 교사의 직임을 다시 맡으셨습니다. 그런 그분의
성실한 직임 수행은 대통령으로 재임할 때보다 퇴임 후의 삶이 더 많
은 사람들에게 존경받는 귀감이 되었습니다. 이처럼 유명인의 미담
은 많은 사람들에게 잘 알려지고 드러나는 이야기지만, 오늘날도 그
렇게 말없이 부활신앙인의 삶을 살아가는 그리스도인들이 이 땅에는
많이 있습니다.
그와 같은 삶은 다윗을 통해서도 우리는 배웠습니다. 언제나 하나
님과 함께, 하나님 앞에서, 성실과 공의와 정직한 삶을 살아가는 것이
부활신앙인의 삶입니다.
자기를 높이고, 자기 뜻을 이루기 위하여 타인의 가슴에 아픔을 주
는 삶을 통해서는 더불어 살아감의 아름다움과 부활신앙의 감동을
경험하기는 어렵습니다.
인류를 구원하시기 위하여 그토록 처절한 십자가 고난을 겪으셨던
주님처럼, 너의 유익을 위하여 나의 아픔을 수용할 줄 아는 삶을 통해

서 우리는 진정한 부활의 감동을 경험할 수 있습니다.

한 알의 밀알이 썩어지는 교훈을 우리는 잘 압니다. 그렇듯 희생과 봉사와 섬김을 통해 너와 나의 삶이 부활신앙인의 하루가 되는 것입니다. 오늘도 그런 하루를 사시는 당신을 주님의 이름으로 축복합니다.

14

사랑한다는 것은...!

사랑한다는 것은 특별한 이벤트를 하는 것이 아니라
작은 것 하나라도 진정한 애정으로 나누는 것이다.

사람이라면 누구나 한번쯤은 열렬한 사랑을 하게 됩니다. 사랑을 하면 보잘것없던 풀잎 하나, 나뭇잎 하나, 스쳐 지나가는 한 줄기 바람에서도 갑자기 의미가 느껴집니다. 모든 감각이 일시에 눈을 뜨듯 생기가 넘치고 세상이 달라져 보입니다. 그 무엇도 무심하게 지나쳐지지 않습니다. 그래서 사랑은 덧니처럼 감출 수 없는 것이라고 하는지도 모릅니다.

사랑의 의미를 명쾌하게 설명한 사람은 '에리히 프롬(Erich Fromm)' 입니다. 프롬은「사랑의 기술;The art of loving」이라는 명저를 통해 사랑의 속성을 다섯 가지로 정의 하였습니다. 그 첫째가 관심이요, 둘째가 존중하는 것이며, 셋째는 책임감, 넷째는 이해하는 것, 다섯째는 먼저 주는 것이라고 했습니다.
이와 같은 사랑은 우리를 활동적인 인간으로 만듭니다. 어떤 것이든 변화의 시작은 사랑에서 시작되기 때문입니다.

냉담하던 사람이 따뜻한 관심의 사람으로 바뀝니다. 사람을 무시하던 사람이 상대방을 존중하게 되며, 무책임하던 사람이 책임 있는 사람으로 바뀝니다. 이해심이 부족하던 사람이 갑자기 모든 것을 다 이해해 줍니다. 극히 이기적이던 사람이 타인에게 호의를 베풀며 친절해지는 마술 같은 일이 일어납니다. 그래서 사랑의 힘은 위대한 것이라고 합니다.

포항에서는 거의 봄을 느끼지 못하고 훌쩍 여름을 맞게 됩니다. 꽃샘추위 속에 개나리가 꽃피는가 싶으면 어느 새 금방 후덥지근한 여름이 다가옵니다.

봄을 극명하게 느끼지 못하는 것은 차가운 바닷바람이 온몸을 파고들어 쏟아지는 햇빛과는 대조적인 기온을 만들어내는 포항의 지형적 특성상 그렇기도 합니다. 이런 탓에 계절의 변화와 그 아름다움을 느낄 겨를도 없이 아름다운 5월을 다 보냅니다.

5월의 마지막을 보내는 어느 주일 저는 중국 선교여행을 다녀왔습니다. 출발할 때만 해도 몸은 몸살로 인해 많이 지쳐있었습니다. 그러나 성도님들의 사랑이 담긴 기도로 무사히 계획된 선교를 잘 마치고 다녀올 수 있었습니다.

그 전 주간은 한 달 가량 해외 집회를 다녀왔는데 미처 쉴 틈을 얻지 못하고 강행한 일천번제 새벽기도와 여러 가지 밀린 일을 하다 보니, 누적된 피로는 과로가 되어 결국 자리에 눕고 말았습니다.

어떻게 알았던지 모 집사님은 지친 피로와 원기 회복에 좋다는 전복죽을 끓여 보내주셨습니다. 그 정성은 회복을 급속하게 하는 명약이 되었습니다. 그러나 급속한 회복은 전복 죽 때문이 아니라 집사님

의 사랑 때문이었다고 믿습니다. 그러면서 새삼 '사랑한다는 것은 특별한 이벤트를 하는 것이 아니라 작은 것 하나라도 진정한 애정으로 나누는 것이다' 라는 생각을 했습니다.

이와 같은 성도들의 진실한 사랑을 온몸으로 느끼면서 사랑은 시공을 초월하는 하나님의 은혜요 삶을 새롭게 하는 신비로운 힘임을 경험하게 되었습니다.

지금도 병상 생활을 하고 있는 교우들을 생각합니다. 그리고 무엇보다도 그들에게 필요한 것은 바로 사랑이라는 것을 새삼스럽게 깨닫고 느끼며 사랑의 기도를 올립니다.

공자의 중심 사상은 인(仁)입니다. 공자는 인(仁)에 관하여 극기복례(克己復禮), 애인(愛人), 강의목눌(剛毅木訥)이라 했습니다. 즉 인은 '나를 이기고 예를 실천하는 것이며, 사람을 사랑하고, 굳세며 결단성이 있고 꾸밈과 가식이 없으며 말이 적은 것이다.' 라는 것입니다. 기독교적으로 말하자면 사랑입니다.

석가의 중심 사상은 자비(慈悲)입니다. 자(慈)는 사랑하는 것이요, 비(悲)는 동정하는 것입니다. 그래서 불교는 보시(布施)를 중요하게 가르칩니다.

예수 그리스도의 중심 사상은 사랑입니다. 요한1서 4:16에서는 사랑은 하나님이요 하나님은 곧 사랑이라고 역설합니다. 사랑은 허다한 허물과 죄를 덮습니다. 사랑은 생명을 내어줍니다. 그 사랑이 담긴 한 번의 눈짓은 원기를 회복하게 하고, 그 사랑이 담긴 얼굴을 통해서는 그 어떤 큰 불안도 평안으로 평정이 됩니다. 그 사랑을 통해 생명을 얻고, 그 사랑의 힘을 서로가 나누면서 넉넉해지고 풍성해질 때 사랑은 더욱 충만해 집니다.

하나님은 그 사랑입니다. 당신은 그 하나님의 사랑을 받는 하나님의 자녀입니다. 그 사랑을 나누어주는 충직한 청지기입니다.

15

나라를 위해 기도할 때

나라와 민족을 위해 산화한 선열들의 애국정신을 기리면서,
교회는 언제나
국가와 민족을 위해 기도해야 할 막중한 사명이 있습니다.

우리의 역사는 외세의 침략으로 인한 수난과 수탈의 세월을 지나왔습니다. 그 난들의 회오리바람 속에 갈가리 찢어진 세월을 꿰맨 역사의 옷을 입고 있습니다.

5000여년의 찬란한 역사를 짓이겨버린 일제 강점기의 참혹한 36년 세월은 우리의 성명마저도 일본식으로 창씨개명을 당해야 했고, 신사참배 강요와 함께 주권도 종교도 모두 찬탈당한 참담한 세월을 살아야 했습니다. 징용에 끌려가 다시는 돌아오지 못한 어린 학도들과 남정들, 정신대에 끌려간 어여쁜 누이들의 피맺힌 한은 아직도 풀리지 않는 이 땅의 아픔으로 남아있습니다.

돌아보면 그것은 이 나라 조선 말엽, 조정의 당파 싸움이 빚어낸 너무도 당연한 결과였습니다. 참으로 캄캄했던 이 땅 조선의 어둠이었습니다.

그런 상황 가운데서도 하나님은 이 나라 이 민족을 버리지 않으셨습니다. 우리에게 8. 15 해방이라는 민족사의 감격을 허락하셨습니다. 이것은 오직 대한민국을 기억하신 하나님의 은혜였습니다.

그러나 우리가 알거니와 해방과 함께 밀려온 공산주의와 민주주의 사상의 이데올로기는 해방의 감격을 국민들이 채 만끽하기도 전에 또 한 번 한반도를 새로운 역사의 어둠 속으로 몰아갔습니다. 그 와중에 교회는 교회대로 하나님 앞에서 신사참배 문제로 싸움이 시작되면서 급기야 한반도는 혼란의 도가니요, 아노미 상태의 극에 닿았습니다. 마침내 이 나라는 극열한 사상적 대립의 각축장이 되었고 끝내는 남과 북이 두 동강으로 결딴이 나고 말았습니다. 그리고 곧 이어진 6. 25 동족상잔의 처절한 전쟁은 이 땅을 폐허로 만들었습니다. 그 후유증은 아직도 한반도 곳곳에 상흔으로 남아 있고, 이산가족의 가슴에 아물지 않는 생채기를 남기고 있습니다.

이런 즈음에 남과 북의 하나 됨은 고사하고 아직도 편견과 분쟁과 갈등이 잠재워지지 않고 있습니다. 이제는 지역갈등을 넘어 세대 간의 갈등, 보수와 진보의 갈등, 빈부의 갈등 그 어느 곳 하나 성한 곳이 없는 나라가 되어버리고 말았습니다. 무서운 것은 얼마 전 일간신문에 보도된 남북통일의 적대국과 우호국에 대한 대학생들의 설문조사에서 놀랍게도 49%가 한국통일의 적대국이 미국이라고 답을 한 것입니다. 이러니 10년, 20년 후의 대한민국의 정체성이 어떻게 되겠는가를 생각하면 가슴이 먹먹해지는 심각한 문제가 아닐 수 없습니다.

반만년의 역사를 거쳐 오면서 중국에 당한 치욕은 아무것도 아니고, 근대사를 지나오는 동안 공산주의에서 이 나라를 구해준 미국의 상황이 내정간섭 내지는 통일의 적대국으로 자리매김을 하게 된 오

늘의 시국을 긍정적으로만 평가하기에는 어딘지 모를 불안감을 떨쳐 버리기에는 석연치 않은 마음이 드는 것이 저 한 사람만의 것은 아닐 것입니다.

감상적인 통일 논의는 지양되어야 함에도 지금 우리의 현실은 북한의 실상에 대하여 보다 냉철한 분석보다는 감상에 젖은 통일논의가 곳곳에서 전개되고 있습니다. 자유 없는 자주가 있을 수 없고, 동시에 민족주의를 앞세우지만 하나님 없는 독재적 민족주의가 있을 수 없다는 것을 그리스도인은 너무나 잘 알고 있습니다. 공산주의에 의해 이 땅의 믿음의 선진들이 얼마나 처절하게 죽어 갔습니까? 또 그들에 의해 교회는 철저하게 파괴되었습니다. 그런 공산주의자들이 지금도 가장 적대감을 갖는 것이 바로 기독교입니다. 이런 사실을 바로 안다면, 결코 감상주의적인 통일논의에 그리 쉬 휘말릴 수는 없을 것입니다.

  몇 년 전 이 나라 예비역 육군중장 김정헌씨가 유서에 "이 나라가 어떻게 해서 이룩해 놓은 나라인데……. 항의의 표시로 얼마 남지 않았을 나의 목숨을 국가에 바친다."라는 글을 남기고 자살한 사건은 무엇을 말하고자 하는 것이겠습니까?
  또 얼마 전 육사교장 김충배 중장의 '육사교장의 편지'라는 제목의 인터넷 글이 폭발적인 인기를 누리며 바람을 일으켰던 것은 무슨 의미이겠습니까? 모두가 이 나라가 어느 방향을 향하여 서고 있는지를 걱정하는 다수 국민들의 정서를 잘 나타내고 있는 것이었습니다.

  6월 6일 현충일을 맞으면서 나라와 민족을 위해 산화한 선열들의 애국정신을 기리면서, 교회는 새삼 국가와 민족을 위해 기도해야 할 막중한 사명이 있음을 자각해야 합니다. 그리고 그리스도인이 먼저 애국 애족의 선봉에 서야 할 것을 다짐해야 합니다. 애국 애족이란 그리 거창한 것이 아닙니다. 지금 내게 주어진 현실에서 정직과 진실로써 열과 성을 다해 사는 것입니다. 그리고 이 나라를 위해 희생한 보훈가족들이 지금도 열악한 환경 가운데서 살고 있는 것을 한 번 더 돌아보는 작은 한 걸음부터 시작하면 됩니다. 그들을 잊지 말아야 합니다. 그들은 지금의 이 나라가 있게 된 훌륭한 토양이 되어준 사람들의 가족입니다.

16

강물처럼 흐르는 행복한 삶

행복이 강물처럼 흐르는 삶은
예수 그리스도를 주로 믿는 신앙인의 삶에서 경험되는 감동입니다.

'마틴 부버'는 그의 저서 「I and Thou」에서 이렇게 갈파했습니다. "우리는 두 관계를 맺고 살아간다. 하나는 물질과의 관계이며 다른 하나는 너와의 관계이다. 물질과의 관계를 It라 하고, 너와의 관계를 Thou라 하는데 하나님은 영원한 '너(Eternal Thou)'이다."라고 했습니다. 참으로 놀라운 신학관입니다. 왜냐하면 영원한 '너'가 되는 하나님과 관계를 맺고 살아가는 것이 인생의 최고의 가치이며 행복이라는 것이기 때문입니다. 이 사실을 우리의 삶에서 경험할 때 행복은 강물이 되어 우리의 가슴을 흐릅니다.

인간에게는 본성적으로 종교심이 있습니다. 그것을 심리학적으로는 '무엇엔가 예속되고자 하는 것'으로 해석하고 있습니다. 그래서 그런지 인간은 본능적으로 세상의 다양한 것들에 예속되고자 합니다. 그러나 그런 세상 것에 예속된다고 추구하는 온전한 행복에 들 수 있는 것은 아닙니다. 왜냐하면, 완전한 행복은 절대자에게 예속될 때에만 주어지는 것이기 때문입니다. 그래서 사람은 절대자에게 속할 때에만 온전히 평안하고 행복함을 무의식적으로 느끼고 경험하게 됩니다.

사도행전 16:31절에서는 "주 예수를 믿으라 그리하면 너와 네 집이 구원을 얻으리라."고 했습니다. 왜냐하면, 세상의 모든 것을 다 가졌다 할지라도 구원을 받지 못하면 아무 의미도 없기 때문입니다.

영원히 죽을 수밖에 없는 인간이 영원히 살 수 있는 길은 예수를 믿는 것입니다. 그것이 인간사의 최고 가치요 행복입니다. 예수를 믿을 때 인간은 세상을 살아가는 동안 부끄러움을 당하지 않습니다. 부

끄러움이란 일종의 수치이며 그것은 죄의 결과입니다. 마음이 타락할 때 경험되는 것은 모든 것이 부끄러움입니다. 그러나 마음이 순수로 아름다울 때는 어떤 행위도 부끄럽지 않습니다. 고린도후서 4:8절 이하에서는 이 사실을 이렇게 확인시켜줍니다.

'사방으로 우겨쌈을 당해도 싸이지 않고, 답답한 일을 당해도 낙심하지 않고, 핍박을 받아도 버린바 되지 않고, 거꾸러뜨림을 당해도 망하지 않습니다.'

이유는 간단합니다. 예수님과 함께 하기 때문입니다. 예수를 믿고 나면 병이 들어 병원에 실려 가면서도 마음은 평안합니다. 보통 사람은 사업에 실패하면 자살도 하는데, 예수를 믿는 사람은 오히려 다음에는 더 좋은 일이 있을 것을 확신하는 마음이 되어 절망하지 않고 열심을 다해 살아갑니다. 내일 먹을 것이 없을지라도 전혀 불안하지 않고 감사함으로 일상생활에 더욱 최선을 다합니다. 모든 것이 기쁨으로 느껴지고 감사로 경험되는 것입니다. 그것이 일상에서 행복이 강물처럼 가슴에 흐름을 것을 경험하는 삶입니다.

이게 무슨 말씀인가 하면, 예수를 믿으면 높고 낮음, 잘나고 못남, 힘 있는 자 약한 자의 차이가 없다는 말입니다. 항상 '함께' 라는 틀을 유지합니다. 네가 있기에 내가 있음을 언제든지 경험합니다. 이것은 세상에서의 비교원리를 통해서는 경험되지 않습니다. 창조원리에서만 경험되는 감동입니다. 그것이 행복입니다.

누가 높다 낮다, 누가 잘났다 못났다가 없습니다. 서로 돕고 사랑하고 위로하면서 더불어 살아가는 것을 경험합니다. 그래서 살아간다는 것의 의미를 깨닫습니다. 축복을 느낍니다. 그러니 나로 말미암아 사람 살맛나는 곳이 됩니다.

단순히 세상적인 권세와 지식, 명예나 돈, 이런 것으로 평가되지 않는 삶의 가치관과 의미를 통해 인생이 조명될 때, 그 삶은 참으로 아름답고 행복하고 축복된 삶이 됩니다. 그리할 때 참 살아감의 의미를 깨닫게 됩니다. 또한 반드시 일상에서 경험하게 됩니다.

얼마나 많이 소유하고 있느냐가 아니라 가진 것을 어떻게 사용하느냐의 기준이 가치의 척도입니다. 어떤 지위에 있느냐가 아닌 어떻게 살아가느냐의 기준이 도량입니다. 얼마나 알고 있느냐가 아니라 어떻게 적용하며 사느냐가 가치의 기준이 됩니다.

여러분은 어떻게 살아가십니까?

행복이 강물처럼 흐르는 삶이어야 합니다. 그것은 예수 그리스도를 주로 믿는 신앙인의 삶에서 경험되는 감동입니다. 부버가 말한 '영원한 너' 그 분과 함께 하십시오. 그 분은 당신의 온전한 행복입니다.

17

더 나은 목회를 위한 고민

21세기를 이끌어가는 미국의 유명교회들을 탐방하고 연구하며
미래의 비전을 보여주실 주님을 손잡고 갑니다.

언젠가 제법 많은 비가 내리던 한 밤중에, 그냥 좀 비를 맞고 싶은 마음에 집을 나섰습니다. 목회 현장에서 오는 많은 문제들로 인하여 그날따라 잠이 오지 않았습니다. 목사답지 않은 말 같겠지만 때론 기도도 되지 않을 때가 있어 그냥 비를 맞고 걷고 싶었습니다.

그래서 일부러 우산을 받지 않고 교회주변을 걷고 있었습니다. 얼마나 걸었을까요? "목사님 아니세요?" 하는 소리에 정신이 들어 고개를 들었습니다. 인근에 사시는 집사님이 길을 가다가 우산을 받쳐 주며 걱정이 담긴 의아한 눈빛으로 말없이 저를 바라보았습니다. 집사님이 저를 이해하기에는 다소 무리가 있으셨겠지요?

미래 목회 연구를 위해 떠나던 미국행 기내에서 그 집사님의 의아해하던 눈빛이 떠올랐습니다. 긴 시간을 앉아서 가야하는 해외여행 때마다 아픈 다리와 허리 때문에 여행 전에 늘 좌석 위치 배정에 신경을 써야합니다. 그런데 이번에는 참석이 어려울 것 같아 결정을 미루

다가 출국 일을 바투 앞둔 때에 결정을 하게 되어 그럴 겨를이 없어 F 석을 배정받게 되었습니다. 그러다 보니 출입이 힘들고, 움직이지 못하는 다리도 저려 와서 잠도 들 수가 없었습니다. 멀뚱히 앉아 있는 성격이 못 되는지라 노트북을 꺼내놓고 일을 하기 시작했습니다. 그 모습을 보는 함께 동행한 동역자들로부터 "뭘 그렇게 별나게 하느냐? 이럴 때라도 좀 쉬어야지"라는 핀잔을 또 듣게 되었습니다.

'그렇구나. 이럴 때라도 쉬어야지.' 하면서 눈을 감고 묵상하다보니 포항중앙교회에서의 어언 20여년 목양 세월이 주마등처럼 눈앞을 스쳐갔습니다. 성도들 한 사람 한 사람의 눈빛과 모습이 떠올랐습니다.

설교 한편에 은혜를 받아 기뻐하면서 거듭난 삶을 살아가는 성도를 만나면 목사로서의 기쁨을 경험하고, 같은 설교를 듣고도 끊임없이 뒷말을 붙여 여기저기 가는 곳마다 비판하는 성도를 만나면 몸에 기운이 다 빠지는듯함을 경험하면서 아직도 덜 익은 풋과일 같은 목회사역을 스스로 아파하는 때가 많습니다.

눈물겹도록 아름다운 교회 생활을 하는 성도의 모습을 칭찬하면 "그것은 편견목회"라고 핀잔을 하는 사람이 있는가 하면, "그것이 얼마나 아름다운 일이냐"고 함께 기뻐해 주는 사람이 있기도 하고, 또 더러는 "욕먹을 줄 알고도 그렇게 말씀하시는 목사님의 뜻이 무엇인지 모르느냐?"고 변호까지 해주는 사람도 있습니다.

교회소식을 전하는 시간을 두고도 "우리교회가 좋은 이유는 광고 하나라도 가정처럼 엮어내는 서민적인 냄새가 나는 목사님 때문이라"고 좋아하는 사람이 있는가 하면 광고시간이 가장 싫다고 하면서

"왜 간단명료하게 광고하지 못하느냐"고 핀잔을 주는 사람도 있고, "우리목사님은 너무 의지적이고 카리스마가 강하여 따뜻함이 없어 복음적인 지도자가 못된다."고 하는 사람이 있는가 하면 "그렇지 않으면 이 큰 교회를 어떻게 이끌어 가겠느냐"고 변명해 주면서 "우리 목사님처럼 눈물이 많고 정감 있는 목사가 또 어디 있느냐"고 항변하는 사람도 있음을 알기에 오늘도 저는 목회의 바로미터를 찾기에 몸부림을 하며 갑니다.

물론 목회의 바로미터는 '주님의 뜻' 입니다. 그러나 우리의 삶의

현장은 너나없이 모든 기준이 자기가 되어 있습니다. 신기한 것은, 그럼에도 불구하고 우리 모두 교회생활에서 탈선하지 않고 용케도 잘 가고 있습니다. 희비의 쌍곡선과 수용과 거부의 길을 걸으면서도 말입니다. 그것이 솔직한 우리교회의 모습이기에 돌아보니 '오직 주님의 은혜입니다.' 라는 말 밖에는 더 할 수 있는 것이 없음을 새삼 고백합니다.

더 나은 목회를 위해 세계적으로 이름난 교회, 미국에서 부흥하며 평안이 있는 교회들을 탐방하며 연구하고 있습니다. 그리고 그 내용들을 오늘의 목회현장에 적용하기 위해 본 세미나에 참여를 한 길입니다.

기내에서 눈을 감고 지난 세월들을 돌아봅니다. 못나고 부족한 저를 목사로, 지도자로 사랑하고 협력해 주신 여러분의 그 아름다운 마음에 감사의 눈물이 차오릅니다. 주님의 손잡아 이끌어 주시고 업고 걸어가 주시는 넉넉한 사랑은 뜨거운 눈물을 넘쳐흐르게 합니다. 미래 목회 연구회 동역자들과 더불어 함께 가는 이 걸음이 감사할 뿐입니다.

쉼을 통한 넉넉함과 목회 정보 교환을 통한 성숙을 기대합니다. 21세기를 이끌어가는 미국의 유명교회들을 탐방하고 연구하여 좋은 비전들을 가지고 돌아가겠습니다. 여러분의 저를 위한 기도를 가슴에 담고 갑니다. 미래의 비전을 보여주실 주님을 손잡고 갑니다. 주님의 뜰에 계신 여러분들을 주님의 사랑으로 사랑합니다. 언제나 평안이 범사와 그 영혼에 가득하시기를 기도합니다.

18

마음－喜怒哀樂의 根幹
(희노애락의 근간)

삶의 진정한 기쁨은 객관적인 외부로부터 오는 것이 아닙니다.
삶의 진정한 기쁨은 마음에서 오는 것입니다.

우리 조상들이 즐겨 사용했던 교훈 가운데 '知足常樂 終身不辱 終身不恥, 良田萬頃 日食二升, 大廈千間 夜眠五更(지족상락 종신불욕 종신불치, 양전만경 일식이승, 대하천간 야면오경)' 라는 말이 있습니다. 이는 "족함을 알고 즐기기를 항상 하면 평생 욕됨이 없고 부끄러울 것이 없다. 좋은 밭 만경을 가졌어도 하루에 두 되 이상 먹지 못하고, 큰집 천 칸에 살더라도 밤 오경이상 못 잔다."는 뜻입니다. 다시 생각해 보면 족함을 알고 즐길 수 있는 넉넉함의 근간이 마음이라는 것을 깨닫게 하는 글귀입니다.

사람이 살아가면서 배부르다고 행복한 것은 아닙니다. 웃는다고, 강건하다고, 풍요롭다고, 따뜻하다고 반드시 다 행복한 것은 아닙니다. 우리는 이것을 잘 압니다. 때로는 모든 것이 모자라는 것 같아도 행복이 넘치는 삶을 살아가는 사람이 있습니다. 어쩌면 그것이 삶의 진정한 가치이며 행복의 의미이기도 한 것 같습니다.

그래서 사도 바울은 부요함과 가난함의 일체의 비결을 배웠다고 고백했으며, 유대 교도로서 모든 것을 갖추고 살던 날보다는 그리스도인으로 모든 것을 분토처럼 버리고 아무 것도 소유한 것이 없는 때, 그리스도를 알고 그분에게 발견되는 것이 최고의 삶의 가치라고 말했습니다. 그리고 그는 그것으로 행복했던 것을 고백했습니다.

살아가면서 사도 바울의 고백이 오늘 우리의 삶에 그대로 고백되어지는 것을 경험합니다. 그것을 알면서도 사람들은 좀 더 배 부르려고, 좀 더 웃어보려고, 좀 더 건강해 보려고, 좀 더 따뜻해지려고 노력하면서 살아갑니다. 그러다 보니 주어진 현실에 감사할 줄을 모르고 자신도 모르게 불평을 하게 됩니다. 그러다 결국은 스스로의 마음에 흠집을 내는 삶을 살기도 합니다. 안타까운 일이죠.

미래목회연구회 회원20명 가정이 미국에서 앞서가는 교회를 방문하고 그 성장과정과 목회 내용을 연구하는 세미나를 겸한 선교순례 여행을 다녀왔습니다. 그 시간들 속에서 저는 줄곧 마음의 넉넉함에 대한 생각을 많이 했습니다.

참여한 대부분의 목사님들이 대형교회를 담임하고 계시기 때문이 아니라 마음이 넉넉한 분들이기 때문에 하나님께서 대형교회를 담임하게 하셨구나 하는 생각을 했습니다.

이 두 주간, 12일 간의 세미나 기간은 그 어떤 세미나보다도 귀한 목회성장 세미나였습니다. 우리는 어린아이들처럼 함께 웃고 함께 울었습니다. 함께 하는 모든 시간 동안 있었던 스케줄이 어떠하든, 식사 내용이 어떠하든, 잠자리가 어떠하든, 그 누구도 단 한마디의 불평도 하지 않았습니다. 오히려 서로를 이해하고 돌아보며 격려했습니다. 모든 것을 임원단에게 맡기고 오직 임원단의 인도에 따르며 지냈습니다. 그 시간들의 최종 자체 평가가 '그 어떤 것보다 귀한 목회성장 세미나' 였습니다.

'어떻게 하면 교회를 아름답게, 성도들을 행복하게 인도해 갈까? 그것이 모든 동역자들의 공통된 고민이었습니다. 아직은 젊은 목회자들조차 그 아름다운 고민을 하느라 머리가 백발이 되었습니다. 그런 그들의 흰머리가 연민보다는 아름다움으로 느껴지던 것은, 삶의 진정한 기쁨은 객관적인 어떤 외부 상황에서 오는 것이 아니라 마음에서 오는 것임을 새삼 깨닫게 했습니다.

한국에서도 마찬가지이지만 해외교회에서도 부흥하고 평안한 교회의 특징이 몇 가지 검증되었습니다. 그것의 첫째는 목회자의 기본 자세가 잘 갖추어진 것이었습니다. 다시 말하면 실력과 신의가 잘 갖

추어진 목회자, 학문적 지식의 권위와 인격적 정신적 권위를 두루 겸
비한 목회자, 넉넉한 마음을 소유했으며 나아가 영적으로 하나님이
감동하시지 않을 수 없는 목회 내용 가진 목회자들로 모두가 한가지
씩은 다 갖고 있다는 것을 발견하게 되었습니다.

　언행에서 그 사람의 인격을 가늠한다는 말이 있습니다. 사람을 감
동케 하는 모습과 아름다운 언어를 구사하는 사람의 마음은 그만큼
아름답습니다. 다른 사람의 가슴에 상처를 주는 말을 쉽게 하고 행동
이 진실 되지 못한 사람의 마음은 그만큼 탁하고 지저분하다는 것쯤
은 누구나 아는 것입니다.
　그러기에 오늘 하루를 사는 일상의 바로미터도 바로 '내 마음' 이
됩니다. 이것을 깨닫고 오늘도 마주하는 모든 사람의 마음에 아름다
운 꽃으로 피기를 바랍니다. 그래서 그리스도의 향기를 발하고, 상대
방으로 하여금 또한 예수를 아는 냄새를 맡게 하는 마음의 좋은 정원
사로 목양의 행보를 하고자 합니다.
　당신의 하루도, 모든 순간도 그리스도의 향기가 되는 시간이시기
를 바랍니다.

19

세계 속의 성장하는 교회 (1)
Crenshaw Christian Center

주일예배에 참석하는 그 자체가
지상최고의 축복임을 연출하고 있는 성도들의 모습에서
참 그리스도인의 모습을 볼 수 있었습니다.

프레드릭 프라이스(Frederick K. C. Price) 목사님이 담임목사로 시무하는 Crenshaw Christian Center는 1970년 2월 28일 소수의 흑인들이 주축으로 설립된 교회입니다. 그 후 1973년 정식으로 창립하게 되었고, 현재 독립교회로서 어떤 교단에도 가입되어 있지 않는 교회입니다.

미목회 멤버들과 함께 제일 먼저 방문한 교회가 이 교회입니다. 우리 일행이 버스를 타고 도착했을 때 손님을 맞이하는 교회 지도자들의 표정에서부터 이미 제 가슴에 전해지는 강한 영적 감동이 출렁이기 시작했습니다. 예배 전에 진행되는 찬양은 잔잔하게 가슴으로 파고들었고 결국 그 감동은 눈물이 되어 양 볼을 타고 흘러 내렸습니다. 어린아이 한명도 완벽할 정도의 정장차림을 하고 주일예배에 참석하는 그 자체가 지상최고의 축복임을 연출하고 있는 성도들의 모습에

서 참 그리스도인의 모습을 볼 수 있었습니다.

　이 교회 교인들은 우수하고 모범적인 흑인 사회를 이루어 가고 있습니다. 흑인이 다수인 교회지만 엘리트 백인들과 멕시칸들이 섞여 있는 이 교회는, 미국 남가주 남쪽의 크렌쇼와 벌몬트가 만나는 슬럼가 같은 곳이 아닌 주택들과 상가들이 인접한 서민 주택가의 큰길가에 위치해 있습니다.

　예배당은 1984년에 "믿음 구장(Faith Dome)"이라 불리는 돔 형태의 건물로, 본관만도 약10,000명의 인원을 수용할 수 있는 건물입니다. 이 건물의 특징은, 강단이 본관 중앙에 위치해 있어서 설교자가 예배당 중앙에서 360도 회중을 향해 돌면서 설교를 합니다. 그 설교를 경청하는 회중들은 더 없는 행복한 모습으로 말씀을 아멘으로 응답하고 있었습니다.

현재 미 전역에 방송설교를 하고 있는 프레드릭 프라이스 목사님은 대단한 카리스마를 지닌 설교자로 정평이 나있습니다. 그 분의 설교의 중심 내용은 철저하게 '믿음' 이며 "하나님은 하나님의 자녀들에게 영적 축복을 주시고자 할뿐만 아니라 육적인 것과 물질적인 것의 축복도 함께 주시려고 한다."는 것이 핵심입니다. 그 축복을 받는 비결은 하나님을 의지하는 개개인의 믿음이라고 가르치면서 교회는 세계적인 교회로 성장하게 되었습니다.

놀라운 것은, 예배당 현관을 들어서는 예배당 정문위 벽에 담임목사내외분의 대형 사진이 걸려 있는 것이었습니다. 한국 정통교회에서는 절대로 이해될 수 없는 부분이 그 교회에서는 너무도 자연스러운 것이었습니다.

목사님은 세계 최고급 자동차인 롤스로이스(Rolls Royce)가 자기의 자가용임을 자랑스럽게 생각합니다. 뿐만 아니라 '이것은 하나님의 축복이라' 고 말하는 담임목사를 존경하고 신뢰하는 교인들을 보면서, 어쩌면 불균형적인 목회상황에서 균형적인 조화를 이루는 신비로운 교회라는 것을 느끼는 시간이었습니다.

세계를 향한 선교전략은 그야말로 감탄할 만큼 뛰어난 것이었습니다. 사역자 훈련원을 중심으로한 통신프로그램의 활용, 나아가 250여명의 직원과 유치원, 초등학교, 중학교, 고등학교가 포한된 교육정책, 이와 같은 교회의 효율화를 위하여 일사분란하게 헌신하는 평신도봉사자들은 매주 약 1500여명에 달했습니다.

흑인들이 안고 있는 문제를 극복하기 위한 이 교회의 정책도 깊은 감동을 주는 것이었습니다. 정책의 일환으로 '거짓말, 위법을 하지 않는 하나님의 시민으로써 백인 인텔리들이나 앵글로색슨계 백인들보다 우수한 흑인 상을 보여 주자' 는 것이 이 교회의 신념이었습니다. 그래서 흑인들이 바른 삶을 살도록 격려하고, '긍지와 근면, 그리고 자부심 있는 삶' 을 강조하여 삶이 당당한 흑인들, 하나님 앞에 아름다운 사람들로 살아가게 하는 것이 이 교회의 정책이었습니다.

고 노무현대통령이 후보자로 공약하던 것이 바로 이런 것이었습니다. '기본이 바로서는 나라를 만들겠다.' 는 것. 이 교회가 바로 하나님의 백성으로서의 기본을 세워가는 정책과 신념을 가진 교회였습니다. 좋은 정책과 신념을 슬로건으로 가지고만 있는 것이 아닌 실천하는 교회였습니다. 그래서 부흥하고 있었습니다.

프레드릭 프라이스 목사님에 대한 비판도 적지 않습니다. 그러나 그와 같은 비판 속에 조화를 이루어내는 교회의 실상을 보고 느끼면서 저는 더 좋은 목사가 되기를 기도하고, 여러분은 주님께 헌신하는 아름다움이 조화를 이루기를 소망합니다. 우리 모두는 하나님의 사람들로 하나님 말씀의 기본을 갖춘 성도들이 되기를 기도합니다.

20

세계 속의 성장하는 교회 (2)
Church on the Way

이 교회의 특징 중에 하나는
토요일 저녁에 주일 1부 예배가 진행되는 것입니다.

L.A 타운 북쪽 Van Nuys 지역에 위치한 Church on the Way는 최근 미국에서 각광을 받고 있는 교회 가운데 하나입니다. 이 교회 역시 교회가 성장하는 이유 가운데 하나가 담임목사인 잭 헤이포드(Jack Hayford)목사님이 훌륭한 목회자요, 설교가라는 사실입니다.

이 교회를 방문하면서 느낀 것은, 목사로서 저 자신이 더욱 성숙하고 주님 앞에서 부끄럼 없는 사역자가 되어야겠다는 것입니다. 뿐만 아니라 성도들 또한 진심으로 목회자를 따르며 항상 목회자와 성도가 함께 하는 감동이 있는 교회를 세워가기 위한 신실한 그리스도인으로 사역할 수 있어야 한다는 것이었습니다.

성장하는 교회의 공통점은, 오직 성령님이 강하게 역사하심으로 인본주의가 교회 안에 발을 붙이지 못하는 것입니다. 그 점을 이 교회에서도 느낄 수 있었습니다. 성령의 역사하심은 교회 예배에서 뿐만이 아니라 교회학교의 교육환경과 지역 주민들을 위한 다양한 프로

그램의 중심에서도 나타나고 있었습니다.

　1969년에 잭 헤이포드 목사님이 부임하기 전까지의 교회는 이렇다 할 성장을 보이지 못했습니다. 그러나 목사님의 부임 후 급속한 성장을 보였는데. 이러한 성장 배경에는 역시 담임목사의 학문적 지식과 정신적 인격의 권위가 갖추어진 목회 리더십에 있었습니다.

　그런 그의 수많은 저서는 베스트셀러가 되었고, 문학적인 소양뿐 아니라 그의 음악적인 소질 또한 음악가로서의 역량을 충분히 드러냈습니다. 그가 작곡한 곡만도 350여 곡이나 되어 지역사회에서도 존경받는 분이니 말입니다.

　이 교회를 둘러보며 얻는 많은 감동 가운데 목사님의 한 간증이 아주 감동스러워 소개를 합니다. 그가 Church on the Way를 담임하고 몇 년 동안 별 성장을 이루지 못할 때의 일입니다. 어느 날 차를 몰고 인근 교회 앞을 지나가게 되었습니다. 그 교회는 당시 근방에서 가장 큰 교회인 벤 너이스 침례교회였습니다. 그런데 그 앞을 지나가는 잭 목사의 마음에 갑자기 질투가 일어나면서 그 교회를 쳐다보기도 싫더랍니다. 그 순간 성령님의 음성이 들리기를 "이 교회는 너의 교회가 될 것이다"라는 것이었습니다. 그는 일시에 얼굴이 달아오름을 느끼면서 마음의 질투를 주님 앞에 고백하며 회개했습니다.

　그로부터 10여년이 지난 지금 당시 최고의 교회였던 벤 너이스 침례교회를 Church on the Way가 인수하여 본당으로 사용하고 있습니다.

　모든 예배실마다 강단위에 〈Jesus Christ is the same yesterday and

today and forever-예수 그리스도는 어제나 오늘이나 영원토록 동일하시다. 히브리서 13:8)라는 말씀과 함께 이 교회의 심벌인 4개의 정사각형(십자가, 비둘기, 기름병, 왕관으로 구성된)의 그림 조각이 로고로 새겨져 있었습니다. 이 심벌의 의미는 구원의 예수 그리스도, 세례자 예수 그리스도, 치료자 예수 그리스도, 재림자 예수 그리스도를 상징합니다.

이 교회의 특징 중에 하나는 토요일 저녁에 주일 1부 예배가 진행되는 것입니다. 토요일 저녁에 드리는 예배를 주일 예배 1부라고 하는 이유는, 모든 예배 시간의 내용이 주일예배와 동일하기 때문이며, 시대 상황과 개인적인 사정에 의하여 주일예배를 본 교회에서 드릴 수 없는 성도들을 위하여 드리는 예배였습니다. 이렇게 드려지는 주일 예배의 1부는 참으로 획기적인 목회내용이 아닐 수 없었습니다. 한국교회도 한번쯤은 생각해 볼 목회방법 중에 하나라는 생각이 들었습니다.

우리교회도 주 5일 근무제에 맞추어 제도에 매인 목회방침이 아닌 진정한 안식일의 의미, 즉 사람을 위해 있는 안식일의 예배를 생각해 보아야 할 때가 아닌가 하는 생각도 했습니다.

예배도 형식과 제도에 메인 예배가 아닌 온전히 하나님을 예배할 수 있는 개혁의 진정한 의미를 살리는 예배로 나아가야 함도 생각하게 하는 토요일에 행해지는 주일 1부 예배였습니다.

교회 전체의 흐름에 있어서는 말씀 우선주의, 예수님 찬양주의, 성령 사역주의, 초교파주의, 성도 사역주의가 강조되면서, 교회로서의 기본적 진리를 수호함에 있어서는 회개와 용서를 강조하고 있었습니다. 또한 철저하게 침례를 주장하며, 성령세례를 특히 강조하면서 신유와 자유, 특히 진정한 주 안에서의 자유함을 강조하고 있었습니다.

이 교회는 방송매체를 통한 활동도 거의 상상을 초월하는 사역을 하고 있었습니다. 그것을 소개합니다. 미국 43개 주 260여개 방송국에서 방송되는 Living Way프로그램, 해외 4개주 15개국 방송국의 설교방송, 그리고 미 전역에서 방송되는 300여 곳의 TV방송이 그것입니다. 이런 방송 사역과 함께 전국목회자 세미나 주관, 가장 값싸게 구입할 수 있는 서점 운영 등, 괄목할만한 사역들도 병행하고 있었습니다.

이 교회는 한 마디로 세계를 품에 안고 있는 교회의 모습을 보여주고 있다고 해도 과언이 아닐 것입니다. 이런 성령님의 힘찬 사역을 이루어 가고 있는 교회를 한 눈에 담으면서 우리교회의 오늘과 내일, 그리고 한국교회의 세계를 향한 비전을 함께 생각하며 오늘도 주님 앞에 기도의 무릎으로 나아갑니다.

21

세계 속의 성장하는 교회 (3)
Crystal Cathedral

긍정적이고 적극적인 삶의 자세와
그에 대한 행동을 외치는 교회이기에
수정교회는 모든 면에서 성장하며 앞서가고 있었습니다.

Crystal Cathedral(수정교회)는 차에서 내려서는 순간부터 "와~~~" 하는 탄성이 터지게 만드는 예배당 전경을 갖고 있습니다. 미국에 들를 때마다 종종 교회를 방문하여 서점을 찾아보는 교회이지만 미목회 동역자들과 함께 방문한 수정교회는 역시 비판과 함께 동시에 많은 도전을 주는 교회로 다시 한 번 인정할 수밖에 없는 교회입니다.

목회학박사, 법학박사이며 해박한 지식과 긍정적 사고의 목회자 로버트 슐러 목사님의 목회 철학은 Possibility Thinking(적극적 사고)입니다. 목사님은 1955년미국 캘리포니아 오렌지 카운티 지역의 Drive-In극장을 빌려 교회를 개척한 후 50년 동안 사역해 오는 중 오늘날의 세계적인 교회를 세우게 되었습니다.

세계에서는 매주 약 천만 명 이상의 사람들이 방송 체널을 통해 로버트슐러 목사님의 설교를 시청하고 있으며, 수많은 사람들이 적극적 사고의 전환된 삶을 통해 성공 지향적 신앙과 삶을 연출하면서 하나님께로 헌신하는 놀라운 역사가 일어나고 있습니다. 이러한 사실은 이미 세계적으로도 잘 알려진 사실입니다.

1978년에 시작된 Crystal Cathedral(수정성전)의 건축은 1980년 2천만 불(약 160억원)을 드려서 완공이 되었습니다. 건물의 외벽 전체는 교회의 이름이 대변해 주듯 크리스탈로 장식이 되어 있으며, 자본주의 세계의 교회모델로도 그 아름다움과 웅장함이 최고로 정평이 나 있는 교회가 Crystal Cathedral입니다. 이 교회는 무엇이든지 최고를 지향하는 목회방침을 세워 나아가고 있는 최고 지향주의 교회이기도 합니다.

새로 헌당한 선교관과 교육관은 그 규모가 실로 대단하며 또 웅장하고 호화스럽기까지 한 시설이었습니다. 서점은 이미 잘 알려진 대로 세계적인 수준의 저렴한 도서들과 또 여러 가지 다양한 내용물들로 알차게 가득 채워져 있었습니다.

다음과 같은 수정교회의 목회 철학을 되새겨 보면서 많은 생각을 하게 되었습니다.

〈본 교회 사역은 다음과 같은 영적성장을 위하여 존재하는 핵심이며 공동체이다.

* 긍정적인 삶의 자세가 형성되는 곳.
* 상처 받은 자가 치유 받는 곳
* 善人(good people)이 더 나아지는 곳
* 교훈이 배워지는 곳
* 상처 받은 자가 치유 받는 곳
* 우정 (friendship)이 형성 되는 곳
* 가족 관계가 더욱 하나가 되는 곳
* 미혼자가 인정받는 곳
* 곤핍한 자가 평안을 찾는 곳
* 사랑이 살아 있는 곳
* 하나님이 이해되는 곳
* 예수 그리스도께서 주님이 되는 곳

이러한 정신으로 본 수정교회 사역은 우리 주님 그리스도께서 명령하신 대로 '온 천하 만민에게 예수그리스도의 복음을 전하는 것(막 16:15)' 이다. 이 사역에 동참하는 모든 자들(목사, 교인, 직원, 자원 봉사자)은 사명에 있어서 진심으로 전심으로 영적으로 헌신한다.〉

이 같은 로버트 슐러 목사님의 목회는 교인들에게 큰 힘을 주는 목회이며, 철저하게 그들을 격려하고 위로하는 강단 사역과 성경 교육입니다. 그 자신이 강조하듯 "교회를 찾는 모든 사람들에게 영적인 모든 필요성을 채워 주는 사역" 이 바로 목회라고 주장하면서 모든 목회 철학과 사역을 적극적인 관점에서 새롭게 정의하며 시도하고 있습니다.

교회의 표어를 Possibility Thinking이라는 한마디로 압축 할 만큼, 긍정적이고 적극적인 삶의 자세와 그에 대한 행동을 외치는 교회이기에 실제로 수정교회는 모든 면에서 성장하며 앞서가고 있었습니다.

이런 모습을 견찰 하면서 믿음의 삶이란 바로 이런 긍정적이고 적극적인 삶이라는 사실을 다시 한 번 느낄 수 있었습니다.

그렇다고 문제가 전혀 없는 것은 아닙니다. 인본주의적인 가르침과 프로그램, 현재 주류를 이루고 있는 교인층이 지성적인 백인들과 중산층 이상을 넘지 못하고 있는 구성원은, 지역 주민들에게 교회로서의 무엇을 설명할 수 있는가 하는 점이 남아있습니다.

이 문제는 교회론에서 풀어야 할 숙제이며 통전적 목회를 지향하는 포항중앙교회의 오늘과 내일을 새롭게 조명해 보게 하는 것이기도 했습니다.

이교회를 통해 배울 수 있는 것들이 많은 가운데 가장 으뜸이 되는 것은, 역시 긍정적이며 적극적인 사고로 말씀을 가르치고 배워 삶에 실천하는 그리스도인이 되는 것입니다. 그것은 곧 순종의 삶이기도 합니다.

순종의 삶은 힘이 있습니다. 행복이 넘칩니다. 순종하는 자신도, 그 사람의 이웃도 모두가 기쁘고 행복할 수 있습니다. 당신의 삶이 오늘을 순종하는 하나님의 기뻐하시는 삶이기를 축복합니다.

세계 속의 성장하는 교회 (4)
Saddleback Church

우리의 꿈은,
상처받은 사람들, 억압받는 사람들, 좌절된 사람들, 갈등하는 사람들에게
사랑과 인정(acceptance), 도움, 소망, 용서, 인도와 용기를 주는 것입니다.

한국교회에도 예외 없이 선풍적인 반향을 일으킨 미국의 Saddleback Church(새들백교회)는 "복음은 변함없으나 방법은 바뀌어야 한다"는 슬로건을 앞세우고 변화와 성장을 한 교회의 모델입니다.

성경적 청사진을 제시하고 창의력을 개발케 하는 교회로 새로운 바람을 일으킨 새들백 교회에 들어서는 순간 "바로 이것이야"라는 내면의 외침이 터졌습니다. 그것은 이 교회의 건물과 환경, 그리고 운영 시스템이 원인이었습니다.

담임목사님이신 '릭 워렌(Rick Warren)' 목사님은 출타중이어서 만나지 못했지만 이 교회는 현대 목회의 새 모델이 되는 참신한 모습을 보여주고 있었습니다.

몰락해 가는 서구교회를 걱정하는 오늘의 한국 교회 눈을 비웃듯 수만 명의 출석교인으로 계속 성장하고 있는 새들백교회의 성장법칙을 되새겨 보면서 깊은 묵상을 했습니다.

첫째, 교회의 크기와 장점 사이에는 아무 상관관계가 없다.

둘째, 교회성장의 방법은 한 가지 이상 있다. 그러므로 우리는 하나님께서 축복하시는 것을 결코 비평하지 않는다.

셋째, 모든 종류의 사람들에게 여러 종류의 교회들이 필요하다.

넷째, 원리가 성서적이면 어느 곳에서나 역사할 것이다.

다섯째, 방법과 복음을 결코 혼돈하지 말라. 복음은 바꿔지지 않으나 방법은 바꿔져야 한다.

이 성장 법칙을 중심으로 릭 워렌 목사님은 "위대한 명령(commandment)과 위대한 위탁(commission)에 위대한 헌신(commitment)을 함으로써 위대한 교회로 성장할 것"이라고 강하게 역설합니다.

릭 워렌 목사님의 개척 첫 설교인 '새들백 교회의 꿈'을 읽으면서 가슴이 뭉클했습니다. 그 많은 꿈 가운데 첫 번째로 시작되는 그의 말 〈우리의 꿈은, 상처받은 사람들, 억압받는 사람들, 좌절된 사람들, 갈등하는 사람들에게 사랑과 인정(acceptance), 도움, 소망, 용서, 인도와 용기를 주는 것입니다.〉는 진정한 교회의 모습이며 또한 우리 포항중앙교회가 가르치고 추구하는 내용과 같은 맥락이어서 가슴 뜨거운 눈물이 핑 돌았습니다.

서로 사랑하는 교회는 성장한다는 철학이 오늘의 새들백교회를 만들었다고 말했습니다. 그 말을 들으면서 오늘의 포항중앙교회의 더불어 살아감의 공동체 원리 '네가 있기에 내가 있다'가 새삼 떠올랐습니다. 그러면서 우리교회도 반드시 그와 같은 사랑의 법으로 끊임없이 부흥하고 평안하며 축복된 교회로 성장할 것이라는 확신을 가졌습니다.

한국교회에서도 새들백 신드롬이 있을 정도로 릭 워렌 목사님의 저서가 많이 번역되어 읽혀지고 있습니다. 그러나 중요한 것은 아는 것과 행하는 것의 조화입니다. 그런 만큼 오늘의 성장하는 세계교회의 내용을 그저 읽고, 듣고 인지하는 것으로 끝내는 것이 아니라, 그 내용을 우리에게도 적용해서 주님이 기뻐하시는 교회 성장을 만들어가는 것이 필요합니다.

선진교회를 방문하면서 우리교회의 부족함에 부끄러웠고, 고개도 들 수 없는 자괴지심의 정책과 현실적인 문제들을 떠올리면서 어떻게 해야 잘못된 제도가 개혁되고, 개혁된 제도가 전 교인들에게 적용되어 포항과 한국과 세계를 품을 수 있는 교회가 될까를 고민하면서 주님 앞에 무릎이 꿇어졌습니다.

'성장하는 교회는 훌륭한 목회자가 있습니다.' 라는 말을 상기하면서 더 좋은 목사로 오늘도 내일도 사역하도록 주의 성령님이 함께 하시기를 기도합니다. 사랑하는 하나님의 사람들 당신께서도 말씀 앞에 순종하는 하나님의 기쁨이 되시기를 기도합니다.

23

세계 속의 성장하는 교회 (5)

Grace Community Church

교회만이 그리스도께서 친히 세우시고
축복하시겠다고 약속하신 제도이다.

Grace Community Church는 L.A. 북부 지역인 Sun Valley에 위치한
교회입니다. 이 교회는 오늘날 급변하는 시대상황 가운데서도 유독
변하지 않는 전통적인 복음주의 교회의 모습을 느끼게 해 주었습니
다. Grace Community Church가 전통적인 복음주의 교회이면서도 세
계적인 교회로 성장하는 데는 중요한 몇 가지 원인이 있었습니다. 그
것은 초대 담임목사를 지내신 Dr. Don Honseholder 목사님이 감리교
배경의 목사였을 뿐만 아니라, 그의 시작부터 복음주의적 전도중심
의 교회로 개척을 하였으며, 오늘에 이르러서는 현재 제3대 담임 Dr.
John MacArthur목사님의 독특한 리더십과 유능한 강단사역과 강해
설교가 그것입니다.

미국의 보수 독립교회 협의회 (I.F.C.A ; Independent Fundamental
Churches of America)에서 목사안수를 받은 '존 맥아더' 목사님은 29

세 약관의 나이로 이 교회 제3대 담임목사로 취임을 합니다. 그는 탁월한 리더십과 교회행정, 그리고 설교를 통하여 성령께서 역사하시는 오늘의 유명한 전통적인 복음주의 교회를 세워가기에 이르렀습니다. 이것은 오늘의 한국교회에서도 본받아야 할 교회 성장의 분명한 한 요인이 되고 있습니다.

Grace Community Church를 방문하면서 깊은 묵상을 하게 된 내용의 하나가 교회의 성장과 비례하고 있는 담임목사의 방송설교였습니다. 그의 설교 및 다양한 저서들, 흔들림 없는 지도자로서의 신앙과 삶의 조화, 지역사회에서의 든든한 기반을 갖고 신뢰와 존경받는 관계를 쌓아온 모습들은 제게 많은 도전을 주었습니다. 이런 생각들은, 요즈음처럼 목회 지도자의 부재론이 급격히 거론되는 한국교회에서도 깊은 통찰과 반성으로 시대를 선도하는 교회상을 정립하는 데 결정적인 기여가 될 담임목사의 리더십과 권위에 대해서도 참으로 많은 생각을 하게 했습니다.

‘존 맥아더’ 목사님이 밝힌 목회 철학이 그 교회의 오늘을 있게 한 것처럼, 포항중앙교회의 오늘과 내일을 위한 담임목사로서의 철학을 새삼 되새기면서 여기에 ‘존 맥아더’ 목사님의 목회철학을 소개합니다.

1) 교회만이 그리스도께서 친히 세우시고 축복하시겠다고 약속하신 제도이다.

2) 몸의 모든 연합된 기능은 교회 안에서만 이루어진다.

3) 설교는 하나님께서 당신의 은혜를 우리에게 주시기 위하여 인간들에게 허락하신 가장 크고

중요한 방법이다.

4) 나는 (목회자로) 하나님을 공부하고 하나님과 교재 하는 일에 온전히 사용될 수 있다.

5) 나는 내게 목양하라고 주신 사람들에 대하여는 하나님께 직접적 책임이 있다.

6) 나는 또한 내 교회 안에 있는 사람들에게도 책임이 있다.

7) 나는 하나님께서 교회 안에 허락하신 사람들 중에 능력 있는 지도자들을 세우는 일을 매우

귀하게 생각 한다.

8) 목회는 인생의 모든 영역을 만져야 한다.

9) 목회의 보람은 이루 말할 수 없다.

10) 나는 목사의 길을 갈 수 없다면 매우 두려울 것이다.

이 같은 목회 철학이 오늘의 Grace Community Church를 이루었고 성도들도 담임목사님의 목회철학에 의하여 훈련된 하나님이 백성들이었습니다.

생명이 풍성한 교회를 지향하며, 치료하고 양육하고 선교하는 포항중앙교회를 담임하는 목사로서의 어제를 돌아보면서, 앞으로도 끊임없이 치료와 양육과 선교의 역사를 이루어감으로써, 보다 더 건강하고 행복한 교회를 위한 오늘의 사역에 최선을 다 하며 나아가면, 언젠가는 포항중앙교회도 세계교회들이 방문하여 긍정적인 평가를 할 수 있는 날이 오리라 묵상하며 새삼 겸손히 목회의 걸음을 행보합니다.

이 행보는 목회자인 저만의 행보가 아닌 모든 성도들이 하나 되어 함께 나아가는 행보입니다. 우리의 행보는 마침내 우리의 후대들과 주님의 평가 앞에 설 것입니다. 어떤 평가를 받을 것인지를 결정하고 하루 하루를, 한 시간 한 시간을,한 걸음 한 걸음을 사는 것은 바로 우리의 몫입니다.

24

회고 −도서관 개관 1주년

너무도 가난했던 유년시절, 필요한 한 권의 책을 살 수가 없었습니다.
서점에서 몰래 책을 훔치다 들켜 실컷 뺨을 두들겨 맞고
유치장에서 눈물의 밤을 보냈습니다.

어느 날 오후 제 앞으로 소포 하나가 배달되어 왔습니다. 얼마나 포장을 꼼꼼하고 정성스럽게 했던지 뜯기조차 아까웠습니다. 그런 외양의 포장은 받는 사람을 향한 보낸 이의 따뜻한 마음을 느낄 수 있게 해 주었습니다.

그 안에는 편지 한 통과 10,000 원짜리 도서상품권 100 장이 들어 있었습니다.

"제가 목사님께 빚지며 지낸지도 몇 개월이 지나가고 있습니다. 목사님의 첫 설교를 들은 때가 지난 2월입니다. 중요한 것은 목사님의 말씀과 삶을 통해 제가 변화된 길을 걷고 있다는 것인 것 같습니다. 제가 목사님께 빚을 진 그 시간은 목사님뿐 아니라 포항중앙교회에 관심을 갖게 된 기간이기도 합니다. 또한 저도 제 2의 포항중앙교회 성도로 함께 해온 것 같습니다. (중략) 지난 주 교회 소식란에서 8

월 8일 주일에 도서관 개관 1주년 예배가 있다는 소식을 접했습니다. 예전에 교회를 방문하고 나름대로 관심 있게 찬찬히 둘러보았던 기억도 났습니다. 도서관은 단 몇 달 동안 많은 책들로 채워졌었고, 많은 성도님들이 그곳을 이용하고 있던 것도 생각이 났습니다.

제가 목사님께, 아니 포항중앙교회에 빚진 자로서 어떻게 갚을 길이 없나 항상 생각해 왔습니다. 도서관 개관 1주년을 진심으로 축하하는 마음으로, 그곳에 조금이라도 많은 책들이 채워지길 바라는 이 작은 소망을 받아주셨으면 감사하겠습니다. 몇 권의 책을 선물한다고 어찌 제가 그 빚을 갚을 수 있겠습니까만 멀리서 목사님을 사랑하고, 포항중앙교회를 사랑하고, 또 포항중앙교회의 성도님들을 사랑하는 이 진실 된 마음만은 꼭 전해 드리고 싶습니다."

글을 읽으면서 어느 새 눈물이 고여 왔습니다. 부족한 목사의 설교 한 편이 그분의 마음을 어떻게 감동시켰는지, 그것은 성령님의 몫이기에 알 수는 없습니다. 그러나 목양의 세월 25년을 행보하면서 이와 같이 아름답고 귀한 분이 계심에 지나온 세월의 힘든 것도 아픈 것도 모두 사라집니다. 감사와 기쁨이 심령에 강같이 흐르는 주님 사랑을 새삼 감동하게 하는 것을 경험합니다.

그 분이 보내온 100 만원의 도서상품권도 중요합니다. 그러나 더 중요한 것은 한 편의 설교가 사람의 영혼을 보석처럼 아름답게 다듬을 수 있다는 것입니다. 그래서 설교는 교훈이 아닌 생명의 말씀입니다. 이 사실을 다시금 생각하면서 주님 앞에 무릎이 꺾어지고 엎드리는 삶을 살게 됩니다.

포항중앙교회 도서관 개관 1 주년!

2003년 8월 10일 오후 3시 그날, 개관예배를 드릴 때 눈시울을 붉혀야 했던 시간이 새삼스럽습니다.

너무도 가난했던 저의 유년시절이 떠오릅니다. 영어 단어장 한 권이 필요했지만 그것을 살 형편이 되지 못했습니다. 너무도 간절히 갖고 싶었던 저는 서점에 들어가 한 권의 단어장을 몰래 훔치다가 주인에게 들켰습니다. 붙들려 뺨을 실컷 두들겨 맞고 경찰서 유치장에서 하룻밤을 보냈습니다.

그런 날이 있었기에 비록 넉넉한 시설은 아니라도 선교 교육센터 꼭대기 층 50평에 도서관을 마련했습니다. 그리고 그곳에 다양한 책들을 조금씩 소장해 나가기 시작했습니다. 청소년들이 읽고 싶은 책을 마음껏 읽을 수 있는 문화 공간을 교회에서 마련했다는 감격에 저는 그렇게 많은 눈물을 쏟았던 것입니다.

신학 수업을 시작했을 때 즐겨 읽었던 책 가운데 칼 힐티의 '행복

론’ 과 ‘잠못 이루는 밤을 위하여’ 는 저의 삶의 방향을 새롭게 잡아
주었습니다. 힐티가 남긴 말 가운데 “인간의 마음은 보람 있는 일을
찾았을 때처럼 즐거운 기분을 느끼는 때가 없다. 행복하기를 원한다
면 먼저 보람 있는 일을 찾아라.”는 말을 좋아 합니다. 그래서 저의
목회는 보람 있는 일을 찾아 행하는 목회였습니다.

도서관이 개관을 한 지도 만 6년이 지나고 7년을 향해 가고 있습니
다. 그동안 많은 책들이 입고가 되고 또 그 운영도 자리를 잡았습니
다. 지나온 세월만큼 도서관은 많은 책들로 넘쳐나지만 그러나 여전
히 또 많은 책들을 필요로 합니다. 도서관의 이 필요를 작은 정성으로
라도 함께 채우고, 또 소장 되어진 책을 함께 읽으며 우리의 내면을
아름답게 가꾸는 운동이 계속되기를 기도합니다.

25

우리는 어떻게 해야 하는가?

오늘의 난국이 나의 잘못임을 고백할 수 있는
겸손함으로 엎드리는 삶이 우리 모두에게 절실히 요구됩니다.

아침에 읽는 신문이나 저녁에 듣는 TV 뉴스의 정치권 소식이나 사회면 소식은 어제나 오늘이나 별다른 반성의 기미가 보이지 않는 구태 의연한 모습들의 연속입니다.

이렇게 오랜 세월을 저런 소식을 접하면 웬만한 일이라면 무디어질 법도 한데 도무지 그렇게 되지 않는 것도 은혜요 또 기적이라는 생각이 듭니다. 이것이 이 나라 국민 됨이요, 또 이 땅을 살아가는 의식 있는 한 사람이기 때문에 그럴 것입니다. 뿐만 아니라 이런 모든 소식들을 통해 하나님의 나라를 조망하고 이끌어가야 하는 목회자요, 영적인 지도자의 한 사람이기에 더욱 그럴 것입니다.

뉴스들을 접하고 있으면 하나 같이 내 잘못은 없고, 네 잘못뿐이라는 논리만 전개되고 있습니다. 그것을 천연덕스럽게 당연시하는 정치 지도자들의 의식을 생각해 봅니다. '도대체 저들이 이 지경이 되도록 교회는 무엇을 했는가? 하는 생각에 이르니 목사로서 자괴감에 고개를 들 수가 없습니다.

언제쯤이면 이 나라 이 국정에 패일대로 깊이 패인 갈등의 골이 메워질까 싶습니다. 모든 이슈가 되는 사건들은 이해와 관용과 용서와 사랑이라는 기독교적인 복음의 정신이라고는 찾아볼 수가 없습니다. 관계자들의 모든 잣대는 '나'라는 무서운 자기모순의 병이 기준입니다.

사회란 그 자체가 더불어 공존하는 곳임에도 불구하고 소위 서로 간의 코드가 조금만 맞지 않으면 무조건 너는 틀렸다고 결론을 내리는 논리가 사회를 황폐하게 만드는 주범이 되고 있습니다.

바리새인의 삶의 코드는 기준이 항상 '자기 자신'이었습니다. 그러나 예수님의 삶의 코드는 'free code', 즉 '모든 것, 모든 사람'이었습니다.

우리 사회를 윤택하고 아름답게 만드는 것은 free code적인 삶입니다.

논어 위령공편(衛靈公篇)에 보면 살신성인(殺身成仁)의 가르침이 있습니다. 자신을 죽여서라도 인(仁)을 이룬다는 뜻인데 "높은 뜻을 지닌 선비와 어진 사람은 삶을 구하여 '인' 을 저버리지 않으며 자신을 죽여서라도 '인' 을 이룬다."(志士仁人, 無求生以害仁, 有殺身以成仁)고 했습니다.

이 가르침을 통해 우리의 선조들은 공(公)을 위해 사(私)를 희생하는 것이 최고의 삶의 가치임을 알았고, 이를 수행하는 것이 지고한 군자의 길임을 가르쳤습니다. 그것은 바로 기독교 사상이며 윤리입니다. 그런데 작금의 상황은 私를 위해 公을 희생하는 기막힌 일들이 도처에 횡횡하고 있습니다.

우리 역사의 암울했던 소위 유신체제 아래서의 숱한 고난의 세월이 엮어질 때 필자도 최루탄에 질식하면서까지 민주화를 부르짖었습니다. 목에 피고름이 맺히도록 울고 외치면서 싸웠습니다. 그런 시대를 역사는 '어둠' 이라고 평가합니다. 그럼에도 불구하고 그 시대의 주역 박정희가 오늘에 이르도록 훌륭한 지도자로 거의 모든 부문에서 1위를 차지하고 있는 것은, 오늘의 정치권이 얼마나 제 몫을 못하고 있는가를 보여주는 역사적인 역설임이 분명합니다.

이러한 때에 우리는 어떻게 해야 할까요? 어쩌면 메아리 없는 외침 같이 들릴지도 모르지만 그래도 우리는 말해야 하고 행동해야 합니다. 그 말과 행동은 분열과 갈등을 조장하는 언행이 아닌 일치와 연합을 위한 행동이어야 합니다. 내 것 아니면 틀렸다는 행동이 아니라 이해와 관용과 용서와 사랑이라는 이름으로 함께하는 행동을 말합니다.

방정맞은 소리 같지만 국민소득 20000불을 외치면서 소위 언론이 말하는 저주의 굿판이 멈추어지지 않는다면 우리의 내일은 일제의 처절했던 고통과 공산주의의 피맺힌 비통함보다 더한 몰락의 역사뿐임을 뼈저리게 통감해야 합니다.

오늘의 난국이 나의 잘못임을 고백할 수 있는 겸손함으로 엎드리는 삶이 우리 모두에게 절실히 요구됩니다. 그것이 대한민국이 가야 할 역사의 정도입니다.

우리는 지난 월드컵 경기 때에 온 국민이 손에 손을 잡고 '아~ 대한민국!'을 목이 터지도록 외쳤습니다. 그 함성이 다시 한 번 이 나라를 연합케 하고 온 국민이 일치단결하여 아름다운 미래를 향해 나아가는 하나 됨의 함성으로 진동하기를 소망해 봅니다.

26

사랑—너를 위한 나의 아픔

사랑한다는 것은,
감사가 노래되고 아름다운 미소가 흘러넘치는 인생의 정원을
나의 말없는 희생의 수고로 가꾸는 것입니다.

'쉘 실버스타인'의 글「아낌없이 주는 나무」가 생각납니다.

〈옛날에 한그루의 나무가 있었습니다. 그리고 그 나무에게는 귀여운 한 작은 소년이 있었습니다. 그 소년은 매일같이 나무에게로 왔습니다. 소년은 바람에 날리는 나뭇잎을 열심히 주워 모아 왕관을 만들어 쓰고 숲속의 왕 놀이를 즐겼습니다. 나뭇가지에 매달려 그네를 타기도 하고, 열매를 따먹기도 하며, 숨바꼭질도 했습니다. 어느 날은 나무 그늘 아래서 낮잠도 잤습니다. 그렇게 나무와 소년은 서로 사랑하며 행복하게 지냈습니다.

세월은 자꾸 흘러 소년도 점점 나이가 들어 나무를 찾는 시간이 줄어들었습니다. 나무는 때때로 홀로 고독하기도 했습니다. 나무는 소년과 함께 옛날처럼 놀고 싶었지만 소년은 나이가 들면서 나무와 노는 것 보다 소년이 필요한 것들, 곧 돈과 보금자리와 배를 만들고 싶

다고 했습니다. 나무는 소년의 행복을 위하여 열매를 주었습니다. 나뭇가지도 잘라가도록 다 내어주었습니다. 나무의 모든 것을 소년은 다 가지고 갔지만 나무는 그래도 행복했습니다. 이후에 소년은 여행을 떠날 배를 만들기 위하여 나무 둥치를 베어 갔습니다. 나무는 그래도 행복했습니다.

오랜 세월이 흘러 소년은 늙은 노인이 되어 돌아 왔습니다. 그 때 나무는 이제는 아무것도 줄 것이 없다고 했습니다. 그러자 소년은 필요한 것이 쉴 곳이라고 합니다. 그러자 나무는 몸뚱이도 잘려나간 자신의 나무 그루터기를 내밀며 소년에게 걸터앉아 쉬라고 합니다. 소년은 그 위에 걸터앉았습니다. 나무는 행복했습니다. 나무는 소년에게 자기의 모든 것을 아낌없이 다 주었습니다. 그리고도 나무는 마냥 행복했습니다.〉

소년을 사랑하는 나무에게 있어서 그 사랑은 또 다른 표현으로 아픔입니다. 그 아픔이란 곧 자기헌신, 희생입니다. 그 아픔이 내게 없으면 너를 위해 나는 아무것도 할 수가 없습니다. 나무는 소년의 행복을 위하여 자기의 모든 것을 희생했지만 그로 인하여 더욱 행복했습니다. 그래서 너를 위한 나의 아픔은 지고한 행복의 또 다른 표현이 되는 것입니다.

예수님의 십자가 대속의 죽음이 바로 그것입니다. 모든 것을 다 내어준 사랑!

목회를 하면서 내가 아픔이 없으면 네가 행복하지 못하는 관계의 신비로움을 경험합니다. 내가 행복하려고 너를 아프게 하는 관계는 진정한 행복이 아닙니다. 그러나 내가 아픔으로 네가 행복하게 되는 관계, 그것이 너와 나의 행복이며 사랑의 아름다운 신비입니다.

너와 내가 더불어 살아가노라면 말 없는 대화도 가능 합니다. 너와 나 사이에 보이지 않는 대화까지 할 수 있을 때 영혼과 영혼이 한층 더 아름다울 수 있습니다. 그런 대화는 인간 행복의 극치를 이루는 요소가 되기도 합니다. 거기에는 노여움이 없습니다. 분 냄도 없습니다. 시시비비를 가리는 따짐은 더더욱 없습니다. 그런 삶에서 양보의 미덕이 나옵니다. 그런 삶에서 아름답고 도타운 정이 생겨납니다. 그런 삶에서 감사는 찬란한 빛으로 가슴 가득 채워지고 용서의 따뜻한 기쁨이 전신을 감싸는 행복을 체험케 합니다. 그것이 사랑한다는 것입니다.

물을 흠뻑 먹지 못한 콩나물에 잔발이 돋듯, 사랑이 메마른 사람에게는 언제나 상념의 잔뿌리가 돋게 됩니다. 의심의 잔뿌리, 불평의 잔뿌리, 원망의 잔뿌리, 회의의 잔뿌리... 그런 것들이 쭈뼛쭈뼛 돋아난 채로 살아갑니다.

사랑한다는 것은 이처럼 복잡한 의식과 메마른 삶의 자리에 물을 주는 것입니다. 사랑한다는 것은 감사가 노래되고 아름다운 미소가 흘러넘치는 인생의 정원을 나의 말없는 희생의 수고로 가꾸는 것입니다.

사랑한다는 것은 강도 만나 죽어 가는 사람을 자기 나귀에 태워 주 막까지 데려다가 상처를 싸매어 주고 돌보아 주었던 사마리아 사람처럼 사는 것입니다. 그 사랑에는 이해관계가 개입 되지 않았습니다. 오직 어려움을 당한 이웃을 돌아본 사랑만이 있습니다. 그것이 사랑한다는 것입니다. 그 사랑은 또 다른 나의 아픔이며, 버림이며 수고이며 희생입니다.

　나의 아픔이, 버림이, 희생이, 수고가, 그리고 헌신이 있을 때 네가 행복할 수 있습니다. 그런 너의 행복을 보면서 내가 행복할 수 있는 것, 그것이 참 사랑입니다.

27

권리 행사

나의 한 표가 우리의 국가와 교회와 소속한 기관 단체를
바르게 세울 수도 있고 망하게도 할 수 있습니다.

교회도 사회국가 못지않은 다양한 연구와 함께 목회정책과 경영계
획을 세워갑니다. 그런 것 가운데 무엇보다 선결 요구되는 것이 '교
회의 지도자론' 이라는 것입니다.

Ph. D학위 논문을 준비하면서 교회 지도자의 지도력에 관한 내용
을 조사할 수 있는 기회가 있었습니다. 조사한 바에 의하면 교회 성도
들의 공통점 중에 하나가 교회 지도자의 지도력에 대한 회의(懷疑)였
습니다. 여기서 말하는 '지도자' 란 '목사와 장로' 에 국한 시킨 것입
니다.

'지도력의 회의' 란 목사와 장로에 대한 지도력에 대한 이해를 리
더십(leadership)이 아닌 헤드십(headship)으로 오해를 하고 있더라는
것입니다.

논문을 준비하면서 목사로서 자괴지심(自愧之心)에 아파하면서
보다 더 바람직한 리더십의 목회 지도자가 되어야겠다는 결심을 할

수 있는 기회가 되기도 했습니다.

더 설명할 필요도 없이 교회는 리더십을 요구합니다. 그런데 대부분의 교회 지도자들에게서 리더십이 아닌 헤드십이 발휘된다면 이는 참으로 민망스럽고 걱정스러운 일이 아닐 수 없습니다.

진정한 헤드십은 오직 예수님만이 가지실 수 있는 것입니다. 그런데 오늘날 교회 지도자들이 예수님의 자리에 서서 헤드십을 발휘하려는 데서 교회가 갈등과 무질서로 어려움을 겪고 있습니다.

교회의 평안과 부흥은 올바른 리더십에서 옵니다. 그로부터 교인들이 그리스도를 향하여 성장하며 사랑 안에서 스스로 세워지게 됩니다.

예수 그리스도의 리더십은 긍휼이었고 겸손이었으며 섬김이었습니다. 그 앞에서 무너지지 않은 교만이 없었습니다. 그 사랑 앞에 녹아내리지 않은 미움이 없었고 그 겸손 앞에 깨어지지 않은 자기주의는 없었습니다. 이것이 진정한 지도자의 지도력입니다.

오늘날 교회를 두고 회자하는 가슴 아픈 이야기가 있습니다. '인물풍년에 인재 흉년이라' 는 말입니다. 이 슬프고도 아픈 용어가 사라지기를 소망하면서 참된 지도자들이 이끄는 생명력 있는 교회들이 되기를 기도합니다.

우리교회의 지난 장로 피택 선거 투표율이 놀랍게도 겨우 41%에 그쳤습니다. 교회 지도자를 선택하는 거룩한 사역에 고귀한 투표의 권리를 행사하지 않은 분들이 이외로 많았다는 말입니다.

민주주의의 신봉자 링컨은 "투표는 탄환보다 강하다" 는 명언을 남겼습니다. 남북 전쟁이 끝난 5일후 그는 포드 극장에서 남부 출신의 무지한 청년에게 저격을 당하여 세상을 떠납니다. 그가 비록 56세의 짧은 일기로 세상을 떠났지만 미국인의 가슴에, 아니 민주주의를 사랑하는 지구촌의 모든 사람들의 가슴속에 영원히 살아있습니다.

　탄환을 영어로 벌리트(bullet)라고 하고, 투표용지를 벨러트(ballot)라고 합니다. 두 단어는 철자와 발음이 비슷합니다. 그래서 이 단어가 갖는 의미가 더욱 묘미가 있습니다.
　그렇습니다. 우리가 선택하는 후보자들의 이름이 기록된 투표용지는 그야말로 탄환보다 강합니다. 우리는 그것을 알아야 합니다.
　그 탄환보다 강한 투표용지를 전혀 쓸모없는 납조각으로 만들어 버리는 일이 있습니다. 그것은 투표를 포기하는 것입니다. 이도 저도 싫다고 무효표를 만드는 것입니다. 더욱 서글픈 것은 인물 중심의 투표가 아닌 이기적인 욕심에 따른 한 표의 타락한 권리 행사를 하는 것에 있습니다. 그 한 표가 당락의 결정적인 요인이 되는 데도 말입니다.

　보다 중요한 것은 유권자들의 주인의식입니다. 선거의 주체는 후보자가 아니라 유권자입니다.
　"사는 것이 중요한 문제가 아니라 바로 사는 것이 중요한 문제다"라고 소크라테스는 말했습니다.
　"사람은 나이 40이 되면 자기 얼굴에 대해서 책임을 져야 한다."는 링컨의 말도 있습니다.
　"나의 소원은 모든 사람의 눈에서 모든 눈물을 닦아주는 것이다"라고 역설한 간디도 있습니다.
　이것이 모두 무엇을 말하는 것이겠습니까? 한 표의 중요함, 한 사람의 중요함, 그리고 한 순간 순간들의 중요함을 말하고 있는 것입니다.

우리에게는 교회에서나 사회에서, 또 우리가 속한 기관이나 단체, 직장에서 많은 인물들과 일들을 선택해야 할 때가 있습니다. 이런 기회들을 우리가 결코 소홀히 여겨서는 안 됩니다. 나의 한 표가, 나의 한 선택이 우리의 국가와 교회와 소속한 기관 단체를 바르게 세울 수도 있고 망하게도 할 수 있습니다. 이것을 명심하고, 반드시 주어진 권리를 행사하시기 바랍니다. 주권은 당신의 것입니다.

"투표는 탄환보다 강하다." -Abraham Lincoln.

28

한가위만 같아라.

누군가가 당신이 그리스도 예수의 모습으로 다가와
자신의 마음을 헤아려 주고, 손을 잡아주기를 기다리고 있습니다.
더도 말고 덜도 말고 이 사랑만 같아여라.

'더도 말고 덜도 말고 늘 가윗날만 같아라.' 라는 말이 있습니다. 이는 조선 순조 때 김매순이 열양(洌陽), 곧 한양(漢陽)의 연중행사를 기록한 책「열양세시기-洌陽歲時記」에 언급된 말입니다.

한가위는 추석을 일컫는 말입니다. 추석 명절을 맞으면 그동안 집을 떠나 있던 온 가족들과 친척들이 모여오고 갑니다. 그때는 먹을 것도 많고, 보고 싶었던 사람들을 만나는 기쁨으로 삼천리강산이 들썩입니다. 우리 민족이 모든 일손을 놓고 즐겁게 보낼 수 있는 우리의 큰 고유 명절 중에 하나입니다. 들판엔 오곡백과가 익어 수확을 기다리니 그 어느 명절보다 추석은 넉넉함과 따뜻함이 어우러진 것에서 '더도 말고 덜도 말고 한가위만 같아라.' 라는 말이 생겨난 것입니다.

추석이란 말은 〈예기(禮記)〉의 '조춘일(朝春日) 추석월(秋夕月)'에서 나온 것으로 추석을 중추절(仲秋節)이라 하는 것도 가을을 초추

(初秋), 중추(仲秋), 종추(終秋) 3달로 나누어 음력 8월이 중간에 들었으므로 붙여진 이름입니다.

　조선 순조 때의 학자 홍석모가 지은 〈동국세시기,東國歲時記〉에는 송편, 시루떡, 인절미, 밤단자를 시절음식으로 꼽았는데, 그 가운데 송편은 대표적인 추석음식입니다.

　추석을 생각하면 어머니 곁에 앉아 송편을 빚던 일이 떠오릅니다. 송편을 빚는 추억은 비단 여자들만의 것이 아니라 남자에게도 아련히 떠오르는 아름다운 옛이야기입니다.

　넉넉지 못한 가정에서 자란 저는 추석의 고운 기억보다는 아픈 추억들이 더 많습니다. 쌀밥 한 그릇을 먹을 수 있던 유일한 기회가 일년에 두 번, 생일과 추석으로 기억에 남았으니까요. 하기야 그 때는 너 나 없이 가난하게 살던 때라 겨우 설날과 추석에 떡국 한 그릇, 쌀밥 한 그릇 먹는 즐거움이 보편적이던 때였습니다. 그러나 떡국 한 그릇, 쌀밥 한 그릇의 추억은 제게는 유독 아린 추억으로 남아 있습니다.

　그래서 배고픈 사람이 손을 내밀 때면 가진 것을 아낌없이 내 놓는 습관이 오늘의 내 삶이 되었는지도 모릅니다. 찢어지게 가난했던 모진 질곡의 세월이 있었기에 모든 것은 남을 위하여, 그러나 나를 위해서는 아무것도 아니하는 삶을 연출하는 것을 내 삶의 철학으로 가꾸어 가려고 몸부림을 치는 것인지도 모릅니다.

　이제 이런 고유 명절의 잔잔한 추억들의 많은 부분이 영원히 시대의 기억 속으로 사라져 가는 것 같습니다. '더도 말고 덜도 말고 한가위만 같아라.' 는 말도 이제는 옛말이 되어 가는 것 같습니다. 특별한 날에만 먹을 수 있던 송편이며 음식들도 이제는 일상에서도 얼마든지 먹을 수 있는 환경이 되었습니다. 이처럼 우리나라가 하나님의 복을 받는 나라가 되었습니다. 명절에 밖에 얻어 입을 수 없었고 신을 수 없었던 새 옷과 신발도 이제는 언제든지 살 수 있는 풍요한 시절을 이 민족이 누리고 있습니다. 이렇게나 넘치는 하나님의 복을 받는 민족과 나라가 얼마나 될까 싶습니다. 얼마나 감사한 일인지, 얼마나 고마운 일인지, 생각할수록 하나님께 감사의 고백만이 올려집니다.

이런 풍요로운 세월을 살면서도 사람들은 행복하지 못합니다.

오래전에 읽은 김소운님의 수필「가난한 날의 행복」이 생각납니다. 인간의 행복이란 시대와 개인, 그리고 환경에 따라 달라지는 미묘함이 그 속에 숨어 있습니다.

행복은 그리 먼 곳에 있는 것이 아닙니다. 행복이란 사람의 마음을 진정으로 헤아릴 수 있을 때만이 가능한 것입니다.

모든 것이 풍요로운 이 때도 상상도 못할 힘든 삶을 사는 서민들이 있습니다. 그들의 삶을 바라보면서 이런 메시지를 보냅니다.

'행복은 반드시 부와 일치하진 않는다.'

이 메시지가 가난한 사람들의 마음에 강물처럼 흐르기를 기도합니다. 김소운님의 수필 속에 등장하는 가난한 부부처럼 모든 사람들이 서로를 헤아려 줌으로 행복하기를 기도합니다. 그것이 진정한 사람입니다.

　마주치는 무언의 눈빛 속에서 발견하는 서로를 향한 이해, 얼어 차가운 상대방의 손을 잡으며 코끝이 찡해 오는 것, 그 손을 잡고 따뜻하게 감싸주는 것, 그것이 사랑입니다. 더도 말고 덜도 말고 이 사랑만 같아라.

　오늘 당신도 빛이 들이치지 못하는 누군가의 어둡고 추운 마음을 헤아려 주십시오. 누군가의 얼어 차가운 손을 잡아 따뜻하게 감싸주십시오. 누군가가 당신이 그리스도 예수의 모습으로 다가와 자신의 마음을 헤아려 주고, 손을 잡아주기를 기다리고 있습니다. 더도 말고 덜도 말고 이 사랑만 같아여라.

29

우리교회는 건강한가?

가난한자들과 함께 웃고 울면서
예수 그리스도가 구주됨을 선포하는 교회,
치료하고 양육하고 선교함으로 생명이 풍성한 교회가 되어
그 나라 백성으로 부끄럽지 않는 건강한 교회가 되기를 소망합니다.

우리교회의 지나온 세월을 돌아보면 하나님의 은혜뿐입니다. 저의 지나온 삶을 돌아보아도 오직 하나님의 은혜뿐입니다. 하나님의 은혜를 고백하면서 감사의 노래를 목이 터져라 불러도 주님의 사랑과 은혜에 비하면 부족할 뿐입니다.

부흥하고 평안하며 축복된 교회로 오늘에 이르게 된 것은 오직 하나님의 은혜요 선배 신앙인들의 일치와 연합을 통한 헌신의 결과입니다. 그러므로 이제 다음 세대를 위해 오늘 우리가 무엇을 해야 할 것인가를 깊이 생각해 봅니다.

독일의 니체는 그의 유고(遺稿)인「권력 의지(Wille zur Macht)」에서 "허무주의란 무엇이냐? 최고의 가치를 잃어버리는 것이요, 왜? 라는 물음에 대한 답을 잃어버리는 것이다."라고 했습니다.

"인간은 근본적으로 허무요 무목적이라"는 돼먹지 못한 학설을 내

놓은 까뮈나 사르트르의 철학이 오늘을 살아가는 많은 사람들의 정신과 삶을 허무주의의 망령에 휩싸이게 합니다. 그렇지만, 기독교는 최고의 가치를 가르치고 ‘왜?’ 라는 물음에 분명한 대답을 제시하고 있기 때문에 언제나 생명 있는 삶이 그리스도인에게서 표현되는 것입니다.

언제부터인가 교회 안에 허무주의의 망령, 즉 최고의 가치가 무엇인지? 왜? 라는 물음에 답을 제시하지 못하는 방향 감각을 상실한 무

목적주의적 기운이 바람처럼 일고 있는 것을 봅니다.

적극적인 사고보다는 소극적인 사고, 긍정적인 사고보다는 부정적인 사고로 길들여진 것 같은 현대인들의 삶의 자리를 보면 예수님께서 가르치신 이해와 관용과 용서와 사랑은 찾을 수가 없습니다. 오히려 시기와 질투와 불평으로 가득한 날들을 걸어가는 어처구니없는 현상이 교회 안까지 파고 들어오는 것을 느낍니다.

왜 그럴까? 저의 대답은 지극히 간단하지만 그 의미는 엄청난 깊이가 있음을 주장하면서 이렇게 말하고 싶습니다.

"그것은 예수 그리스도를 만나지 못했기 때문이다."

지금 이 나라는 온통 구석 구석 불안과 갈등으로 사람들의 마음이 황량한 광야 같은 현상을 보이고 있습니다. 희망을 가지고 기대를 걸었던 정권의 이율배반적인 걸음에 이젠 국민들도 식상해졌습니다. 언제나 개혁과 변화를 외치고, 국민들에게 일치와 연합을 통한 국력의 신장을 외쳤던 사람들의 결과는 또 다른 집단 이기주의를 만들어낼 뿐, 백성들에게 도무지 기쁨을 주지 못했기에 지금 우리 국민의 정서는 금방이라도 모든 것을 잃어버릴 것만 같은 불안감에 현실적 안정과 미래적 기대감을 잃고 방황하는 정신과 삶에 휘몰려 있는 것이 사실임을 속일 수가 없습니다.

정치판이 그렇고, 경제계가 그러며, 교육계가 그렇고, 군(軍)이 그렇고, 사회가 그렇습니다., 어느 한곳이라도 성한 곳이 없는 붕대 감은 나라꼴을 보면서 마음을 찢는 통한의 물음 앞에 저는 목사로서 무릎을 꿇었습니다.

"우리교회는 지금의 한국 교회는 어떤가? 목사로서 나는 어떤가?"

이문열씨의 소설 「필론의 돼지」에서처럼 썩어져 가는 역사의 중앙에서 잠만 잤던 교회, 아니 어쩌면 더욱 부정하고 불의하고 패역했을지도 모르는 삶의 구조 안에서 도덕도 윤리도 예의도 삶의 원칙도 신앙적 양심도 없는 철저한 개인주의와 비인간적인 삶에 길들여진 삶을 살아오지는 않았던가?

외적인 교세를 자랑하는 교회가 아니라 가난한자들과 함께 웃고 울면서 예수 그리스도가 구주됨을 선포하는 교회, 치료하고 양육하고 선교함으로 생명이 풍성한 교회가 되어 그 나라 백성으로 부끄럽지 않는 건강한 교회가 되기를 기도합니다. 참으로 우리 주님께서 보시고 기뻐하시며 웃으시는 교회와 성도가 되기를 간절히 기도합니다.

30

은혜 받은 성도의 삶

은혜를 받고 난 후 내 모든 삶의 중심에는
언제나 예수 그리스도가 제 일 번입니다.
그것이 은혜 받은 성도의 삶입니다.

모든 사람들은 하루 24시간을 똑같이 살아갑니다. 그렇게 살아가는 날들이 어떤 이에게는 기쁨의 시간이기도 하고 어떤 이에게는 슬픔의 시간이기도 합니다.

시간은 기다리는 자에게는 너무나 느리게 흐릅니다. 시간은 두려워하는 자에게는 너무나 빠르게 다가옵니다. 슬퍼하는 자에게 시간은 너무나 길게 느껴집니다. 시간은 즐거움을 잃은 자에게는 너무나 지루한 것입니다. 그러나 시간을 주님과 함께 쓰는 자에게는 순간순간이 보석처럼 귀합니다. 그것이 은혜 받은 성도의 삶입니다.

'위대한 가수' 라고 극찬을 받는 마리안 엔더슨(Marian Anderson)이 있습니다. 그녀가 필라델피아에서 고등학교를 졸업했을 때 그녀의 집은 더 이상 그녀에게 음악 공부를 시킬 수가 없었습니다. 그 때 작은 흑인 교회에서 189달러의 후원 기금을 모아 그녀의 학업을 지원

했습니다.

그녀는 몇 해 동안 개인 교수를 받은 후 뉴욕의 타운 홀에서 독창회를 가졌습니다. 그런데 그 독창회의 음악평은 그야말로 형편없이 나빴습니다. 실의에 찬 그녀에게 어머니가 말씀하셨습니다. "마리안, 은혜가 위대함보다 먼저 와야 한다."

어머니의 이 한 마디가 마리안을 위대하게 만들었습니다. 어머니의 말은 그녀의 전 생애를 변화시킨 금언이 되었습니다.

그렇습니다. 은혜가 성공보다 먼저 와야 합니다. 은혜가 위대함 보다, 축복보다 먼저 와야 합니다. 그것이 그리스도인의 삶의 전적인 가치입니다.

얼마 전 우리교회는 부흥사경회를 통하여 많은 은혜를 받았습니다. 복음이 무엇인가를 다시 깨닫게 되고 복음의 삶을 살아갈 수 있는 능력도 받았습니다. 그리고 은혜 받은 성도의 삶이 어떠해야 하는가를 깨달았습니다.

은혜 받은 성도의 생활은 감사와 기쁨으로 충만한 생활입니다. 그것은 인간의 수양이나 도덕적인 노력의 산물이 아니라 오직 중생한 자에게 성령의 열매로 주어지는 것입니다. 중생한 자에게는 불평과 원망이 없기 때문에 얼굴은 환합니다. 항상 웃음이 넘칩니다. 기쁘고 감사합니다. 왜냐하면 그리스도의 심장을 갖고 살아가기 때문입니다.

그리스도의 심장을 가진 성도는 그리스도가 나의 구주됨을 입술로 고백하는 것만이 아니라 삶을 통하여도 고백하게 됩니다. 그것은 헌신과 봉사로 나타나게 됩니다. 주님으로부터 받은 은혜는 혼자 간직하는 것이 아니라 이웃과 나누는 삶이 됩니다. 그 나눔이 사랑이며 그

지고한 사랑이 복음 전도가 됩니다.

  어느 교회 자치기관에서 연말에 새해 예산을 세우는데 은혜 받지
못한 한 회원이 짜증을 냈습니다.
  "교회에 다니는데 돈이 참 많이 듭니다. 생활비도 많아지고 아이
들 뒷바라지도 힘든데 교회 생활에 돈이 너무 많이 들어가는 것 같습
니다"
  이 때 은혜 받은 한 회원이 조용히 그 사람의 손을 잡으며 이렇게
말 했습니다.
  "제 이야기를 들어보십시오. 저는 결혼하고 자식이 생기자 돈이
많이 들었습니다. 아이에게 먹을 것 입을 것을 주는 것은 차치하고 개

까지 사주어야 하니 얼마나 많은 돈이 들었는지 모릅니다. 그 아이가 대학에 가게 되자 더 많은 돈이 들게 되었습니다. 그런데 그 녀석이 대학 졸업반 때 교통사고로 죽었습니다. 그 후에는 그 아이 때문에 일 전 한 푼 돈 드는 일이 없었습니다. 돈이 들지 않는 것이 꼭 좋은 것만 은 아닙니다.”

모든 삶에 있어서 은혜 받은 성도와 은혜 받지 못한 성도의 모습은 그야말로 하늘과 땅만큼의 차이가 있습니다. 생각하는 것이나 말하 는 것, 살아가는 방법 등 모든 것에서 말입니다.

사도 바울이 고백한 것처럼 은혜 받기 전에는 내가 제일이었고, 내 가 하는 말은 옳으며, 내가 생각하는 것이 최고였습니다. 모든 삶의 중심은 항상 ‘내가’ 자리를 잡고 있었습니다.
그러나 은혜를 받고 난 후 내 모든 삶의 중심에는 언제나 예수 그 리스도가 제 일 번입니다. 그것이 은혜 받은 성도의 삶입니다. 당신 의 삶에 가장 우선 순위에 계신 분은 누구십니까? 당신입니까? 주님 입니까?

31

가을 들녘 풍요한데

사람들의 얼굴에는 어두운 그림자가 드리워져 있고,
생각난 듯 내뱉는 말 속에 담긴 표현에서는
삶에 찌들고 지친 것이 느껴졌습니다.

목포에서 한 주간을 보냈습니다. 목사로 임직하는 날 주님 앞에 서 원했던 "주님의 나귀로 살겠습니다."라는 고백 이 후 지금까지 전국 방방곡곡, 세계 여러 나라를 다니면서 복음전도의 사명을 수행하고 있습니다. 주님의 나귀 되는 것이 인간적으로는 참으로 힘들고 어렵습니다. 그러나 주님의 나귀가 되었기에 전국 방방곡곡 세계 여러 나라를 돌아볼 수 있는 은총을 입으니 그 은혜가 얼마나 큰지 모릅니다.

비록 때론 몸은 지치고 힘들지만, 말씀을 듣고 성도들의 영혼이 다시 살아 활동하는 것을 보면 복음전도와 말씀 사역보다 귀한 것은 다시 없다는 생각이 듭니다. 저의 이 걸음이 어디 혼자만이 걸어갈 수 있는 길이겠습니까. 포항 중앙가족들의 기도의 울타리가 없다면 지금처럼 감사하며 수월히 나아갈 수는 없을 것입니다. 그래서 어디를 가든지, 무엇을 하든지, 임마누엘, 여호와이레의 은총과 함께 사랑하는 포항중앙교회 가족들의 기도의 울타리 안에 제가 있음을 생각하면서 더욱 새 힘을 입고 말씀 사역을 합니다.

나흘 동안 목포 복음교회 부흥사경회를 인도하는 기간 동안에도 애수의 가요곡의 주제가 된 유달산과 목포항, 목포역, 그리고 동시에 21세기를 바라보면서 도약을 꿈꾸는 목포 신항만과 방조제를 돌아보았습니다. 그곳에서 목포의 별미인 세발 낙지와 홍어, 그리고 꽃게요리를 먹으면서 또 다른 음식문화도 체험하였습니다.

특히 호남인의 긍지가 되고 목포를 예향 도시로의 가치를 부여하는데 기여한 남농(南農) 허건(許楗) 선생님의 유작 기념박물관을 돌아보면서, 한 사람의 위대함은 국가의 자산이자 지역의 뿌리가 됨을 새삼 느꼈습니다.

어느 지역인들 특성이 없겠습니까만 목포에서 느낀 인심과 정취는 제게 또 다른 따뜻함으로 다가 왔습니다. 그 따뜻함에서 묻어나는 예술과 문화의 아름다움이 바로 남도의 문화에 기초가 되는 것을 볼 수 있었습니다.

그러면서 포항인으로 나는 포항인에게 무엇을 남길 것인가? 목사로서 한국교회사에 무엇을 남길 것인가를 곰곰이 생각해 보았습니다.

목포에서 진도로 가는 옛길은 바다를 가로지르는 뱃길뿐이었습니다. 그런데 지금은 진도로 연결된 다리가 완공이 되면서 진도가 먼 남쪽 바다 어디쯤의 섬이 아닌 육지 같이 되어 많은 사람들에게 가까운 휴양지가 되었습니다.

'진도로 가는 길, 대한민국 남쪽 끝' 이라고 소개된 '해남' 안내표지판을 지나다가 휴게소에 들렀습니다. 그 때 '이곳이 이 나라 남쪽 끝' 이라는 휴게소 상인 아주머니의 자기 고향 자랑을 들으면서 마신 자판기 커피 한 잔의 맛은, 우리교회 엘림 홀의 카푸치노와는 또 다른 맛과 향을 느끼게 했습니다. 그 맛은 커피를 통해 얻는 맛이 아니라 제 마음자리를 통해 느끼는 맛이라는 생각을 하면서 마음의 즐거움이 양약이라는 잠언을 떠올렸습니다.

이곳저곳을 안내 해 주시는 집사님의 따뜻함, 만나는 사람마다 친절하게 맞아주는 전라도 인심의 훈훈함, 황금물결을 이룬 가을 들녘의 풍요, 이 모든 것이 참으로 넉넉했습니다. 그런데 사람들의 얼굴에는 웬지 모를 어두운 그림자가 깊이 깔려 있었습니다. 생각난 듯 내뱉는 말 속에 담긴 표현에서도 삶에 찌들고 지친 것이 느껴졌습니다. 이런 것을 느끼는 마음에 갑자기 초겨울 아침 바람처럼 싸늘하고 차가운 한기가 들이치는 것을 느꼈습니다.

집회를 마치고 돌아오는 길에 잠깐 쉬어갈 요량으로 휴게소엘 들렀습니다. 때마침 TV를 통해 헌법재판소의 '수도이전 특별법 위헌' 이라는 결정이 보도되었습니다. 그러자 단박에 휴게소 안에 앉은 사람들의 의견이 찬반으로 나뉘며 소리 소리를 질러댔습니다. 그런 모습을 보면서 이것이 우리나라의 현 주소인가 하는 생각에 마음은 더욱 천근만근이 되었습니다.

　차창 밖으로 밀려왔다 멀어지는 황금물결의 들녘을 바라보면서 많은 생각들이 한꺼번에 밀려왔다 사라졌습니다. 그리고 하는 생각은, 가을의 정취를 표현한 '천고마비(天高馬肥)'의 의미가 자연의 표현만이 아닌 오늘을 살아가는 사람들의 마음자리가 되었으면 얼마나 좋을까 하는 것이었습니다.
　날마다 순간마다 새롭게 삶을 시작하는 여러분의 시간들이 하나님의 은혜로 평안하시기를 축복합니다.

32

개혁이란?

21세기를 달음질 하면서
하나님의 정의와 공법이 하수처럼 흐르게 하기 위하여
교회는 앞장서서 달음질해야 합니다.

1917년 10월 31일 독일의 비텐베르크(Wittenberg)교회의 정문에 마르틴 루터가 그의 캐토릭에 대한 95개 조항의 반박문을 붙이면서 시작된 가톨릭교회와의 논쟁은 프로테스탄트교회를 탄생시켰습니다. 그 후 100여년을 향해 가는 오늘에 이르러 개혁교회는 다시 개혁되어야 한다는 자성의 소리가 높아가고 있습니다. 이 현실을 저도 깊이 함께 통감합니다.

근자에 이르러서는 이와 같은 상황이 더욱 심화되어지는 일련의 사건들이 언론에 보도되면서 교회 또한 더욱 사회로부터 지탄의 대상이 되었음을 부인하지 않습니다. 물론 비판세력으로 인하여 교회의 어두운 면만을 부각시키는 경향도 없지 않지만, 그렇다고 오늘의 교회가 개혁의 대상이 아니라고 말 할 수는 없음을 정직하게 수용합니다.

그 내용 가운데 신앙과 생활의 불일치, 헌금 사용에 대한 부정확한 사례, 성장지상주의가 낳는 갈등, 직분에 대한 잘못된 개념으로 인한 부작용 등 한국교회는 타락한 사회 문화를 올바른 기독교 문화로 발

전시키지 못하고 오히려 일반 문화에 물들어가며 모방, 답습하는 경향이 있는 것도 정직하게 인정하지 않을 수 없습니다. 동시에 교회가 일부 언론의 편향적인 공격에 속수무책으로 마치 맛 잃은 소금처럼 되어 세상의 발에 짓밟히는 듯한 것도, 부패한 권력과 타락한 사회를 향해 교회가 순교자적 자세로 국가와 민족의 장래를 밝혀 줄 빛으로서의 사명을 수행하지 못하는데서 기인되는 것임도 겸손하게 자성해야 할 부분입니다.

요즈음 우리 국가의 현실은 어느 때보다 정책의 대부분이 개혁이라는 깃발을 앞세우고 있습니다. 그러나 아직도 우리 정치나 사회는 개혁이 아닌 갈등과 편견으로 상처를 입지 않는 곳이 없는 것을 봅니다. 정치, 경제, 교육, 법조계가 그렇고, 군(軍)과 사회도 모두가 마찬가지입니다. 이런 이 나라 판세를 보면서 목사로서 마음을 찢는 통한의 물음에 스스로 무릎을 꿇습니다.

지금 교회는 어떤가? 그리스도인들은 어떤가? 목사로서 나는 어떤가?

참으로 이문열씨의 소설 「필론의 돼지」에서처럼 썩어져 가는 역사의 중앙에서 잠만 잤던 교회는 아닌가? 아니 어쩌면 더욱 부정하고 불의하며 패역했을지도 모르는 삶의 구조 안에서 도덕도, 윤리도, 예의도, 삶의 원칙도, 신앙적인 양심도 없는 철저한 개인주의와 비인간적인 삶에 길들여진 삶을 살아오지는 않았던가? 산위의 동네라고, 등경위의 등불이라고, 세상의 소금이요 빛이라고 자처하는 오늘의 교회는 정말 무엇을 하고 있는가? 싶어 아픔이 깊어지기만 합니다.

신앙적인 양심의 소리를 들을 수 있는 귀가 오늘을 살아가는 그리스도인에게 있어야 합니다. 너의 허물을 보고 돌을 들었다면, 잠깐 그 돌을 던지기 전에 나 자신을 스스로 돌아볼 줄 아는 지혜가 있어야 합니다.

내 밖의 그들을 향하여 분노하기 전에 우리 자신의 모습을 먼저 살필 수 있는 혜안이 있어야 합니다.

이문열 씨가 지적하는 '역사의 중앙에서 잠만 잤던 교회' 가 아니라, 21세기를 깨어 달음질 하면서, 하나님의 정의와 공법이 하수처럼 흐르게 하기 위하여 교회는 앞장서서 달려가야 합니다.

우리의 믿음의 후손들에게 무엇을 말해 주겠습니까? 무엇을 유산으로 물려줄 수 있겠느냐는 질문입니다. 잠만 잤던 교회라는 유산을 물려주어서는 안 됩니다. 나와는 상관없는 일이라고 도외하고 안주하던 자리에서 일어나 이 땅의 황무함을 보아야합니다. 불의를 향해 정의의 칼을 들어야합니다. 신앙인인 나의 어정쩡하고 안일한 모습, 불의한 모습부터 과감하게 칼로 내리쳐야합니다. 그리고 우리 모두가 정의와 공법이 되어 이 역사 속을 깨우며 흘러가야합니다. 그것이 진정한 개혁교회의 오늘의 사명입니다.

33

감사의 이유

'항상 기뻐하라 쉬지 말고 기도하라 범사에 감사하라
이것이 그리스도 예수 안에서
너희를 향하신 하나님의 뜻이니라(살전5:16-18).'

새옹지마(塞翁之馬)라는 말이 있습니다. 세상만사가 변전무상(變轉無常)하므로 인생의 길흉화복(吉凶禍福)을 예측할 수 없다는 뜻으로 길흉화복의 덧없음을 비유한 말입니다.

옛날 중국 북방의 요새(要塞) 근처에 점을 잘 치는 한 노옹(老翁)이 살고 있었습니다. 어느 날 이 노옹의 말(馬)이 오랑캐 땅으로 달아났습니다. 마을 사람들이 이를 위로하자 노옹은 조금도 애석한 기색 없이 태연하게 "누가 아오? 이 일이 복이 될는지." 하고 말했습니다.

몇 달이 지난 어느 날 달아났던 그 말이 오랑캐의 준마(駿馬)를 데리고 돌아왔습니다. 마을 사람들이 이를 치하하자 노옹은 조금도 기쁜 기색이 없이 태연하게 말했습니다. "누가 아오? 이 일이 화가 될는지."

그러던 어느 날 말 타기를 좋아하는 노옹의 아들이 그 오랑캐의 준

마를 타다가 떨어져 다리가 부러졌습니다. 마을 사람들이 이를 위로하자 노옹은 조금도 슬픈 기색 없이 태연하게 말했습니다. "누가 아오? 이 일이 복이 될는지."

그로부터 1년이 지난 어느 날, 오랑캐가 대거 침입해 오자 마을 장정들은 이를 맞아 싸우다가 모두 전사(戰死)했습니다. 그러나 노옹의 아들만은 절름발이였기 때문에 무사했다고 합니다. 이런 일들이 있어 '인간 만사 새옹지마' 라는 말이 오늘에 이르기까지 삶의 교훈으로 통용이 되고 있습니다.

새옹지마와 유사한 용어로는 전화위복(轉禍爲福), 새옹화복(塞翁禍福)이라는 말이 있습니다.

사람들은 살아가면서 조금만 좋은 일이 있으면 감사를 표현하고, 조금만 좋지 않은 일이 생기면 금방 불평을 합니다. 그러나 그리스도인의 삶은 그래서는 안 됩니다. 좋은 일에서나 좋지 않은 일에서나 하나님의 사랑과 은혜를 생각하면서 항상 감사하는 삶을 살아야 합니다. 그것이 그리스도인의 범사에 감사하는 삶입니다.

사드락과 메삭과 아벳느고의 '그리 아니 하실지라도'의 감사를 기억해야 합니다. 일상에서 모든 것이 없을 지라도 하나님을 인하여 기뻐하는 하박국 선지자의 '그럼에도 불구하고'의 감사를 알아야 합니다. 돌에 맞아 숨을 거두면서도 용서와 감사를 올린 스데반 집사의 삶을 배워야 합니다. 거꾸로 십자가에 매달려 죽으면서도 주님을 찬양한 베드로의 감사도 있습니다. 일평생 고난 가운데서 사도의 사명을 감당하면서 고백했던 사도바울의 범사의 감사는 온전히 본받고 따라가야 할 감사입니다.

수많은 믿음의 선진들이 말로 다할 수 없는 고난 가운데서도 기뻐하면서 믿음을 지켰습니다. 감사하면서 나아갔습니다. 왜냐하면 그 모든 것이 하나님의 뜻이었기 때문입니다.

감사하는 삶은 절망하지 않을 힘을 줍니다. 감사하는 마음에는 기도가 있습니다. 기도하는 마음에 하나님은 생명의 빛과 은혜를 주십니다. 그러므로 모든 감사의 조건은 하나님 안에서 소망이 됩니다.

참된 신앙은 하나님 때문에 감사하는 것입니다. 이 세상의 어떤 조건 때문에 감사하는 것은 그 조건이 없어지면 또 불평을 하게 됩니다. 그러나 하나님은 영원하시며 우리에게 은혜를 주시는 영원하신 하나님 때문에 감사할 수 있는 신앙은 영원히 감사하는 삶을 살 수 있는 씨앗이 되는 것입니다.

오늘날 우리의 문제는 가난이 아닙니다. 질병도 아닙니다. 실패도 아닙니다. 고난도 물론 아닙니다. 감사하는 마음이 없는 풍요, 그것이 우리의 가장 큰 문제입니다.

날마다 감사의 조건을 찾는 마음, 하나님의 은혜를 잊지 않는 낮은 마음, 범사에 사랑으로 다가오시는 주님을 느끼는 마음에 주님의 은혜가 강물처럼 흐릅니다.

좋은 일 때문에만 감사한다면 어려운 일을 당할 때는 불평하기 쉽습니다.

살아가노라면 내가 원하는 것을 얻지 못할 때가 있습니다. 지속적인 고난에 처할 때도 있습니다. 질병 가운데 들 때도 있습니다. 모든 것이 힘들고 눈물겨울 때가 많습니다. 그럴 지라도 우리는 하나님 때문에 감사하고 기뻐할 수 있어야 합니다. 그것이 믿음입니다.

'항상 기뻐하라 쉬지 말고 기도하라 범사에 감사하라

이것이 그리스도 예수 안에서 너희를 향하신 하나님의 뜻이니라 (살전5:16-18).'

34

그리스도인과 예의(禮儀)

바람직한 인격, 아름다운 예절은
거짓 없는 진실과 서로를 위한 협력,
그리고 모든 인간 존중의 정신이라

'필립 E. 슬레이터'는「현대 문명의 위기」에서 '현대 문명의 위기는 현대인들이 자기 자신만을 생각하는 독존 의식이 강해서 나와 너의 단절, 전통적인 가치관의 단절, 공동체와의 단절 등에서 오는 것'임을 암시하고 있습니다.

인간은 사회적인 동물이기 때문에 공동체를 이루려는 욕구가 있습니다. 너와 나의 관계를 연결시켜 공동체의 욕구를 채워주며 사회 질서를 유지하게 해주는 필수적인 요인으로 여러 가지가 있겠지만 그 중에서도 빼놓을 수 없는 것을 예절이라 할 것입니다.

예절은 공동체에서는 없어서는 안 될 타인을 존경하는 마음 자세를 가리키는 것으로써, 상대방에게 불쾌한 기분이나 언행을 삼가하고 남을 기쁘게 해주는 것을 기본원칙으로 하기 때문에, 거룩한 공동체로 형성된 그리스도인의 삶은 더더욱 예절에 대한 관심과 이해가 필요합니다.

그러면 오늘을 살아가는 그리스도인들에게 이 예절이 있는가?

　지각 있는 사람들은 사회 뿐 아니라 교회 안에서도 인간 생활의 기본이 되는 예절이 사라졌다고 우려들을 합니다. 그리고 그 우려는 어김없이 오늘의 그리스도인의 삶에서 현실이 되어 나타나고 있는 안타까움을 우리는 경험하고 있습니다.

　평안과 발전을 위한 진지한 제의도 철저히 이기적이고 더러운 추한 속성에 의하여 여지없이 묵살 당합니다. 그런가 하면 연로하신 장로님이 젊은 집사에게 폭언을 당해야 하고, 또 더러는 반대로 연로하신 어른들이 젊은이들을 함부로 대하기도 합니다. 어디 그뿐입니까? 노회나 총회의 공식 회의에서 제반 의안이 잡다하게 혼란을 야기할 때 수습을 위해 하는 원로 회원의 진지한 조언조차도 전혀 예를 갖추지 않은 공격성 발언에 곤혹을 당해야하는 것이 우리의 슬픈 현실입니다.

우리는 우리의 인격과 양심과 진실을, 비도덕적 비윤리적 치욕에 뒤섞어 오늘을 살고 있습니다. 불법을 아무런 양심의 가책도 없이 버젓이 진행시키고 있으면서 정상이라고 생각하는 경우가 그렇습니다. 정당한 법 집행을 불법이라 우겨댑니다. 민주주의의 이름과 다수라는 미명아래 정직과 진실도 묵살 당해야 합니다. 이성과 감정이 조화되지 못한 철저한 비인격적 습성에 길들여져 옳음과 그름을 분별하지 못합니다.

이 모든 것들에 대하여 우리는 가슴 아파 할 줄도 모르고, 거기에 동화되어 있음에 대한 고통도 느끼지 못하는 무감각증에 걸려 오늘을 살고 있는지도 모릅니다.

일찍부터 동양인들은 예절 속에서 살아왔습니다. 특히 우리 민족은 동방예의지국이라는 높은 문화국가로서의 자부심을 갖고 있고, 또 주변국들로부터 칭송을 받아왔습니다. 그래서 예절 없는 사람은 당연히 비난을 했고 또 천하게 취급을 했습니다. 반면에 예의가 바른 사람은 모든 이들에게 칭송을 받는 그야말로 예(禮)를 숭상하는 나라였습니다. 그래서 우리 국민의 예(禮)에 대한 가치는 한 사람의 인격을 간주하는 큰 기준이 되어 왔던 것이 사실입니다. 그런데 이 예절이 교회에서, 그리스도인의 삶에서 사라지기 시작했습니다.

잘못된 것을 잘되었다고 해서는 안 됩니다. 잘되고 있는 것을 잘못되었다고 억지를 부려서도 안 됩니다. 이런 것이야 말로 예절 있는 사람에게서는 절대로 찾아볼 수 없는 비인격적인 태도입니다. 왜냐하면 인격의 근본 바탕과 예절의 근본 바탕이 결코 다르지 않기 때문입니다.

바람직한 인격, 아름다운 예절은 거짓 없는 진실과 서로를 위한 협력, 그리고 모든 인간 존중의 정신이라 생각합니다. 이런 예(禮)가 성숙한 그리스도인의 가슴에 기본이 되면 모든 것을 왜곡하여 보지 않습니다.

'본 훼퍼'는 "형제의 모습 속에서 그리스도의 모습을 보라"고 하였습니다.

그리스도인으로서의 예절 있는 생활은 언어와 태도 그리고 행동에서 표현되어져야 합니다. 그것을 생명처럼 생각하고 행하는 그리스도인이 많아질 때 이 세상은 더욱 하나님의 나라가 되어 갈 것입니다. 서로를 사랑하게 될 것입니다. 서로를 존중하고 아끼게 될 것입니다. 서로를 섬기게 될 것입니다. 그것이 주님께서 우리에게 말씀하시는 서로 사랑하는 것입니다.

자신을 예절 있는 사람으로 가꾸십시오. 그리고 상대방을 예로 대하십시오. 그것이 일상에서 아름다운 그리스도인으로 사는 또 하나의 모습입니다.

35

깨달음의 축복

존귀하나 깨닫지 못하는 사람은
멸망하는 짐승과 같도다(시49:20).

날마다 술에 만취하여 귀가하는 아버지가 있었습니다. 그에게는 두 아들이 있었는데 큰 아이는 고등학교 1학년이고, 동생은 중학교 2학년이었습니다. 비록 집안 형편은 어려웠으나 아이들은 아주 착실하게 신앙생활을 했고 성격도 밝은 아이들이었습니다.

아버지의 귀가 시간이면 두 아들은 의례히 골목에서 기다리다가 고주망태가 되어 돌아오는 아버지를 부축해서 집으로 들어가곤 했습니다.

그러던 어느 날이었습니다. 그날도 역시 만취한 아버지를 양쪽에서 부축하고 골목길을 올라가는 형과 동생이 대화를 나눕니다.

"형아야, 그럴 리는 없겠지만 내가 예수님 안 믿고 산다 해도 나는 어른이 되면 절대로 술은 안 마실 거야. 왜 아버지는 우리의 입장을 생각 안 하시는지 몰라."

"나도 죽으면 죽었지 술은 안 마실 거다. 사람들이 아버지에 대해서 이야기하는 걸 들으면 정말 속상해."

아무리 고주망태가 되어 두 아들의 부축을 받으면서 걷는 아버지였지만 아들들의 이 기막힌 이야기가 안 들릴 리는 없었습니다. 아버지는 이미 알코올 중독 증세를 보이기 시작한 상태였습니다. 그러나 아버지는 바로 그 다음날로 아이들의 말을 생각하면서 술을 끊었습니다. 그리고 착실하게 가정생활을 해서 아이들 덕분에 정상적인 사람이 되기에 이르렀습니다.

하나님은 인간에게 보는 눈과 듣는 귀와 깨닫는 마음을 주셨습니다. 그럼에도 불구하고 깨닫지 못하는 사람들이 있습니다. 이런 사람들에 대하여 시편 49:20절에서 말씀하시기를 '존귀하나 깨닫지 못하는 사람은 멸망하는 짐승과 같다' 고 하셨습니다.

'깨닫지 못하는' 에 해당하는 원어의 뜻은 '이해가 없는' 입니다. 이 말은 격언의 성격이 강한 말로써 '지혜가 없다면' 으로 번역해도 좋은 것입니다.

짐승은 말을 못합니다. 그러나 사람은 말을 할 수 있습니다. 말을 할 수 있는 인간이 지혜 없는 자 같이 산다면, 다시 말하면 창조주도 모르고 미련하게 살아간다면 그것은 말 못하는 짐승보다 나을 것이 하나도 없다는 것입니다.

사람이 살면서 '깨닫는 것' 은 참으로 귀한 것입니다. 깨달음이 없다는 것보다 더 불행한 것은 없습니다. 깨달음이 없다는 것은 축복이 없다는 것과 같습니다. 모든 인간 생활의 형통은 깨닫는 데서 시작됩니다.

아무리 많은 돈을 가지고 있을지라도 그 돈을 왜 소유하고 있는지, 또 어떻게 사용해야 하는지를 깨닫지 못하는 사람만큼 불행한 사람은 없습니다. 쌓여 있는 수많은 재물을 어떻게 운용하는 것이 가장 가치 있는 것인지를 깨닫지 못하는 사람이 멸망하는 짐승보다 나을 것이 뭐가 있겠습니까? 아무리 높은 지위를 갖고 명예를 가졌다 해도 그 가치와 의미를 깨닫지 못한다면 그것이 멸망하는 짐승보다 나은 것이 무엇이겠습니까? 아무리 많은 공부를 하여 학문적으로 남달리 뛰어난 사람이라 할지라도 그가 지혜 없이 행동하고 거만하여 다른 사람을 무시한다면, 그가 가진 학문적 지식 또한 전혀 학습하지 않은 거친 짐승의 무자비함과 견주어 나은 것이 무엇이겠습니까?

목사가 되고 장로가 되고, 하나님의 사랑과 축복을 받은 성도가 되어서도 왜 목사가 되었는지, 왜 장로가 되었는지, 왜 하나님의 사랑 받는 성도가 되었는지를 깨닫지 못한다면 그 또한 멸망하는 짐승보

다 나을 것이 무엇이겠습니까?

죄악에서 예수 그리스도로 말미암아 구원을 받고 성령 충만으로 신앙생활을 하면서 축복된 그리스도인의 삶을 노래할 수 있는 것은, 그 심령에 감동과 깨달음이 있기 때문입니다.

그러나 신앙생활을 하면서 기쁨도 없고, 교회 생활을 하면서도 이기주의와 현실주의에 빠져 영적 충만을 경험하지 못한다면, 그것은 심령의 기쁨인 영적 깨달음이 없기 때문일 것입니다.

성경에는 깨달음이 없어서 멸망한 사람들이 있습니다. 가인이 그렇고, 발람이 그렇습니다. 웃시야가 그렇고, 아합이 그러며, 가룟 유다가 그렇습니다. 깨닫지 못해서 슬프고 추한 일생을 마무리한 사람들입니다. 그들의 최후는 너무나 비참한 것이었습니다. 그럼에도 오늘을 살아가는 사람들은 깨닫지를 못합니다.

은혜를 받는다는 것은 깨닫는 것입니다. 깨달음은 참 생명의 출발입니다. 내가 누구인지를 깨닫는 다는 것입니다. 얼마나 존귀한 존재인가를 안다는 것입니다. 당신의 생명은 값으로 환산할 수 없는 것입니다. 이 땅에 당신 같은 사람은 한 사람도 없습니다. 오직 한 사람 당신뿐입니다. 그 당신을 위해 예수님이 생명을 대신 내어 놓으셨습니다. 당신의 삶은 예수님의 삶입니다. 위대한 하나님의 자녀로서의 삶입니다. 당신은 깨닫고 있는지요?

36

가을 나무 앞에서

차갑고 혹독한 겨울은
앙상한 나무들이 더욱 안으로 인고의 힘을 길러가도록
오히려 냉정한 격려를 아끼지 않습니다.

주일 1부 예배를 시작으로 단 10분도 쉴 틈을 얻지 못하고 주일을 보냈습니다. 본 교회의 예배를 마치기가 무섭게 곧장 서울 신촌교회 부흥사경회 인도를 위하여 올라갔습니다. 무리한 스케줄로 인한 몸살 기운이 가볍지 만은 않았습니다. 그러나 그 몸살기운은 강단에 사랑으로 임재하신 성령님의 치유하심으로 회복이 되었습니다. 그런데 정상을 찾은 몸과는 달리 마음은 깊이 가라앉고 있다는 기분을 떨칠 수가 없었습니다.

건강을 잃으면 모든 것을 잃는다고 했습니다. 그러므로 마음의 즐거움보다 더 좋은 약은 없다는 것을 다시금 떠올렸습니다.

오랜만에 택시를 탔습니다. 부흥회 시간동안 잠깐 짬이 나는 오후 시간을 길을 나서 남산엘 갔습니다. 기사님과 이런 저런 세상 이야기를 하는 동안 어느 새 차는 남산에 올라있었습니다.

차에서 내려 선 자리에서 주변을 한번 둘러보았습니다. 크고 작은 나무들이 저마다의 나이만큼의 모습으로 서 있었습니다. 그 수목을 바라보며 계절의 변화를 통한 하나님의 창조섭리를 새롭게 음미하면서 살아감의 의미를 생각해 보았습니다.

남산에 조성된 다양한 수목들의 잎들이 저마다의 빛깔로 곱게 물들어 있었습니다. 간간이 불어오는 바람에 고운 잎들이 떨어지는 것을 보았습니다. 얼마 남지 않은 흩날리는 낙엽을 보며 가을도 이제 그 끝에 서 있음을 알았습니다. 아니 어쩌면 이제 초겨울로 접어들었다는 표현이 맞을 것도 같았습니다.

이런 저런 생각들이 머리를 스치고 있었습니다. 여름 내내 아마 저 나무들은 자신의 모습을 뽐내면서 서로 경쟁하듯 키를 높이려고, 햇볕을 더 쪼이려고 안간힘을 썼을 지도 모릅니다. 그러나 그 모든 수고와 애씀도 서산마루를 넘는 오늘의 가을햇살과 함께 영원히 되돌릴 수 없는 지난 이야기로 남을 것입니다.

가을 나무의 공통점을 꼽으라면 제법 몇 가지가 있습니다. 그 중의 하나가 열매를 가졌다는 것입니다. 계절의 가을, 어쩌면 인생의 가을을 이순의 나이에 비할 수 있지 않을까 싶습니다. 그러면서 이제 이순을 지나온 제 인생의 열매는 무엇일까를 생각해 보았습니다.

모든 나무는 둥글게 성장하고 그 열매 또한 둥근 모양의 열매를 맺습니다. 그런데 나의 삶은 모가 나고 그런 내 삶의 열매 또한 모난 것 뿐이지 않겠는가 하는 생각이 들었습니다. 그러면서 어쩌면 내 삶은 나무만도 못한 것이 아닌가 하는 생각에 목사이기 전에 한 인간으로서 자괴지심이 아픔이 느껴졌습니다. 가을 나무 앞에서 끝없이 작아지는 자신을 느낍니다.

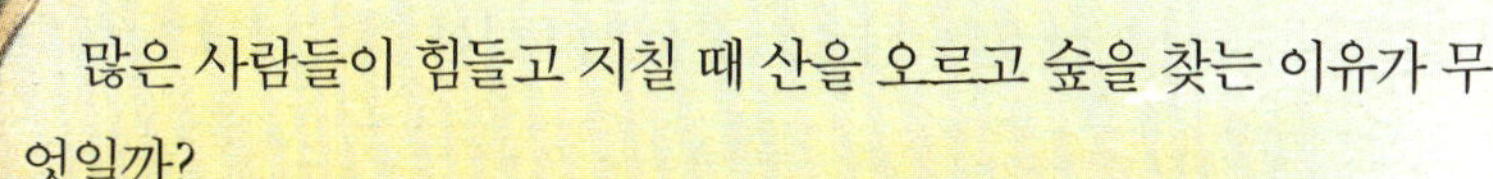

많은 사람들이 힘들고 지칠 때 산을 오르고 숲을 찾는 이유가 무엇일까?

아마 그것은 변화무쌍한 삶속에서 사람들과 부대끼면서 살아가는 동안, 인간들의 속이고 상처내고 지치게 하는 것에 염증을 느끼기 때문은 아닐까요? 저 사람은 변하지 않으려니 했으나 크게 다르지 않는 속물근성을 발견하며 실망한 때문은 아닐까요? 언제까지나 곁에 있어 위로가 되고 친구가 되어 줄 줄 알았는데 어느 날 냉담하게 등을 돌리는 모습에 맘 기댈 곳을 찾지 못해 그런 것은 아닐까요? 언제나 가변성이 있고 다변하는 인간들은 믿을 수 없지만, 나무는 언제나 그 자리에서 변함없이 기다려 주는 듯하기에 사람들은 그 나무에 기대어 묵상하고 쉼을 갖기 위해 산을 찾는 것은 아닐까요?

무엇인가 더 잡으려고 쉬지 못하고 이곳저곳을 돌아다니는 우리의 삶에 비하면 나무는 언제나 그 자리에서 성실하게 뿌리를 내려

가을이면 한 해를 일한 열매를 거둡니다. 나무 앞에 서서 그 한 해를 회고해 보십시오. 나무는 1년 내내 우리에게 소리 없이 놀라운 진리를 가르치고 있습니다.

그래서 실패하고 좌절하고 절망에 지친 사람들이 나무를 찾아 위로를 받고 새 힘을 얻어 새로운 삶을 시작하는 것은 아닐까 생각합니다.

봄, 여름, 가을, 겨울, 나무는 이 사계절의 온갖 풍상을 맞으면서 묵묵히 견디어 갑니다. 바람이 가지를 흔들면 뿌리를 더욱 깊이 아래로 내리며 단단히 땅을 붙들고 의연히 섭니다. 밤새 몰아쳤던 태풍에 잔가지가 꺾여나가고 잎새들이 찢어지는 상처를 입어도, 날이 밝고 바람이 멎으면 여전히 한결같은 모습으로 그 자리에 서 있습니다. 그렇게 4계절의 변덕을 포용하며 긴 세월을 그 자리에서 서 있는 나무…….

나무가 주는 교훈을 남산의 한 고목 앞에서 묵상해 보았습니다. 아마 내 마음이 힘들고 지쳐 있었기 때문은 아니었나 하는 생각이 듭니다.

떠나는 가을이 안타까워 아쉬운 마음 못내 감추지 못하지만, 새로 오는 겨울은 그대로 신비롭고 의미 있는 계절이기에 또 다른 기대를 합니다. 지나온 세월 동안 아름다운 미소와 함께 왔다가 떠나간 사람들로 인한 아픔이 짙어 힘들 때가 있습니다. 그러나 나무를 통해서도 살아가는 의미를 배우면서 오늘도 변함없이 내게로 다가오시는 주님의 품으로 안겨 듭니다.

가을은 풍요로움을 자랑하면서도 스스로의 화려했던 채색 옷을 미런 없이 훌훌 벗어던지며 겨울을 맞습니다. 차갑고 혹독한 겨울은 앙상한 나무들이 더욱 안으로 인고의 힘을 길러가도록 오히려 냉정한 격려를 아끼지 않습니다. 겨울이 추운만큼 봄은 더 아름답다고들 하지요. 그 긴 동장군을 견디며 기다린 봄이 다시 돌아오면, 세상은 온통 봄 꽃잎 터지는 기쁨의 축제가 열립니다. 화려한 꽃들의 축제가 잦아들 즈음이면 꽃보다 아름다운 신록의 여름이 온 세상을 푸르게 물들입니다. 그렇게 한 계절은 다음 계절에게 기쁨과 설레임의 바톤을 아무도 모르게 넘겨주고 갑니다. 그렇게 잠잠히 자신들의 소임을 완수하고 가만히 사라져가는 것이 계절의 순환입니다.

계절의 순환을 통해 교훈을 배우면서 이제 우리도 세상적인 자랑을 훌훌 벗어버리고 더욱 깊이 새로운 삶을 기다리는 겸손함과 다음 세대에게 물려줄 선한 일을 위해 오늘의 고통을 견디며 겨울을 보내고 봄을 맞았으면 좋겠습니다.

37

작은 이웃들을 위하여

"네 손이 선을 베풀 힘이 있거든 마땅히 받을 자에게 아끼지 말며
네게 있거든 이웃에게 이르기를
갔다가 다시 오라 내일 주겠노라 하지 말라."

해마다 11월이면 각계 각처에서 우리 교회로 보내오는 수백 통의 선교비 보조 요청 편지들이 있습니다. 그 사연들을 하나하나 읽어 가다 보면 저도 모르게 눈시울이 젖습니다. 한결같이 어려운 교회와 단체, 혹은 개인적으로 도움을 요청하는 눈물겨운 사연들이기 때문입니다. 그러고 나면 항상 두 가지 결론에 도달합니다.

첫째는 포항중앙교회가 예수 그리스도의 새 계명, 즉 이웃 사랑을 실천하는 교회가 되어 가고 있다는 것입니다. 다시 말씀 드리면 가난한 이웃과 함께 할 수 있는 교회이기에 그처럼 많은 사람들이 도움을 요청하는 것이라 감사가 넘친 다는 것입니다.

둘째는 그 모든 요구들을 다 들어줄 수 없다는 안타까움입니다. 그 때문에 늘 가슴이 답답해집니다. 하나같이 어려운 사연들이고 도와드리지 않으면 정말 견딜 수 없는 아픈 이야기들인데, 그 많은 분들의 아픔을 모두 달래 줄 수 없음이 답답한 것입니다. 그래서 잠언 3:27절

이하 말씀을 원칙으로 하여 선교비를 비롯하여 단회적으로라도 도와 드리는 기준을 삼게 됩니다.

"네 손이 선을 베풀 힘이 있거든 마땅히 받을 자에게 아끼지 말며 네게 있거든 이웃에게 이르기를 갔다가 다시 오라 내일 주겠노라 하지 말라."

이 말씀에는 세 가지 기준이 있습니다. 첫째는 선을 베풀만한 힘이 있어야 한다는 것입니다. 둘째는 마땅히 받을 자를 선정하는 것입니다. 셋째는 있거든 미루지 말고 선을 베풀어야 한다는 것입니다.

베풀 수 있는 힘이 없으면 베풀 수가 없습니다. 마땅히 받을 자를 선정하는 것은 베푸는 것보다 더 어렵습니다. 개인적으로 관련 있는 사람이라 하여 선택해서는 더욱 안 되는 것이 '마땅히 받을 자'의 선정 기준입니다. 구제할 수 있다면 미루지 말고 구제하고, 도움을 받아야 할 가난한 사람을 위하여 베풀 수 있어야 하는 것입니다.

오늘날처럼 사람들의 마음이 각박해 지고 인간생활에 정이 메말라 지는 때에 가난한 자를 위한 사랑을 베푸는 일에 아끼지 말라는 하나님의 말씀은 그때나 오늘이나 생명 있는 훈훈한 축복의 메시지입니다.

가을이 되면 마당에 심겨진 감나무에서 감을 따던 어릴 적 추억이 제 가슴에는 정겨운 그림처럼 남아있습니다. 감을 딸 때면 언제나 아버지께서 '꼭대기 몇 개는 남겨두라.'고 당부를 하시곤 하셨습니다. 어릴 때라 하도 이상해서 '왜 그래야 하느냐?'고 여쭈어 보면, 아주 당연하다는 듯 아버지는 이렇게 말씀 하셨습니다.

"그것은 까치밥이다."

그리고 덧붙여서 가르쳐 주시는 가르침은 이런 것이었습니다. '겨울을 지나는 동안 새들은 먹을 것이 아주 많이 부족한데, 감나무의 감을 먹이로 남겨 두어 새들이 겨울을 나는 동안 생명을 이어갈 수 있도록 베푸는 것이 인간이 복 받을 마음이다.'

옛 어른들은 미물에 대한 사랑과 자연에 대한 다스리고 가꾸는 의무를 그렇게 깨우치며 살아오셨습니다. 그러면서 또한 자연스럽게 이웃과의 아름다운 관계를 맺고 살았고, 이웃의 아픔이 곧 나의 아픔인양 공감하며 나눔의 삶을 생활화 하셨습니다. 일제 시대의 참혹함을 함께 지내 오셨고, 6.25의 참상을 함께 견뎌내셨으며, 흉년의 어려운 시대를 함께 경험하며 넘겨오셨습니다. 그래서 먹을 것이 있으면 항상 나누어 먹는 이웃 간의 사랑 나눔의 풍습이 있었고, 이웃의 일손이 부족하면 내일처럼 거들어 주고 도움을 받았던 두레와 품앗이 등의 풍습들을 만들어 갔던 것입니다.

가진 자는 가지지 못한 자를 위하여 넉넉한 마음으로 베풀 수 있는 생활이 그리스도인의 삶입니다. 배운 자는 배우지 못한 자에게 따뜻한 마음으로 가르치는 섬김을 통해 그리스도인의 삶을 살 수 있습니다. 높은 자리에 있는 자는 낮은 자리에 있는 자의 아픔을 항상 살피고 그들을 위해 무엇인가 배려해 주는 생활을 통해 그리스도인의 삶을 실천 할 수 있습니다. 가난한 자를 위하여 무엇인가를 해 줄 수 있다면, 그것을 실천 하는 것이 그리스도인의 삶입니다.

오늘 우리교회 청년부는 가난한 자들을 위한 자신들의 사랑을 조금이라도 실천해 보려고 '라면 한 봉지 갖고 오기' 행사를 하는 것을 보았습니다. 입으로 하는 사랑은 누구나 할 수 있는 사랑입니다. 그러나 작은 것 하나라도 실천하는 사랑은 좀 더 마음을 움직인 행동입니다. 큰 것, 많은 것은 아니더라도 내게 있는 작은 것이라도 내어 놓는 것, 어려운 이웃들과 함께 나누는 것, 그것이 사랑입니다. 이런 사랑을 실천하는 그리스도인들이 더 많아지고, 마침내 모든 그리스도인들이 사랑 나누기에 함께 하는 더 따뜻한 세상이 되기를 바랍니다.

38

사랑이라는 병

사랑함이 생명을 건 병이 된 하나님의 마음을
왜 우리는 깨닫지 못할까 안타깝기만 합니다.

생각이 아름다운 사람은 삶으로 그것이 표현됩니다. 아름다운 언어와 눈빛, 거기에서 쏟아지는 온화함과 정다움, 그런 사람의 움직임은 향기가 납니다. 잔잔한 미소가 가득한 얼굴, 모든 것을 이해해 줄 것 같은 넉넉한 눈빛, 사람들의 필요를 신속히 채워주지만 소리가 없는 걸음걸이, 이런 것에서 우리는 삶의 아름다움이 무엇인가를 느끼고 배웁니다. 또한 거기서 우리는 살아감의 온정을 체득하기도 합니다.

우리네 삶의 걸음걸음들이 왠지 모르게 소리만 요란하고 분주하게 되었습니다. 눈빛도 이해가 가득한 따뜻함보다는 차가움이, 온화한 얼굴의 미소보다는 굳어버린 딱딱함이, 감사로 아름다운 언어 보다는 피곤이 가득 묻어나오는 말은 나는 물론이요 너의 가슴까지도 황폐하게 만들어 갑니다. 이런 날들에 우리는 아름다움을 느끼는 감성을 잃어버리고 빛바랜 색조처럼 희미하고 퇴색된 감동 없는 삶을 살아가는지도 모릅니다.

아름다운 삶이란 아름다움을 느끼는 사람에게서 연출되는 것입니다. 그것이 언어이든 행동이든 그의 생각의 주머니가 아름다움으로 채워져 있을 때 비로소 가능한 생활입니다.

아파트 생활을 하면서 느끼는 살아감의 삭막함! 엘리베이터를 탔을 때 내가 먼저 인사를 받아본 적은 거의 없었습니다. 어린아이든 어른이든 예외가 아니었습니다. 언제나 먼저 미소 지으며 말을 건네지만 상대방의 얼굴은 그리 밝지 않습니다. 때론 인사를 받는 것조차 귀찮아하는 듯한 마음을 갖고 있다는 것을 즉시 느끼기도 합니다. 그럴 때 왜 우리가 이렇게 살아야 하는가 하는 삭막함에 가슴이 시려오는 것을 느낄 때가 한 두 번이 아닙니다.

사람이 살아간다는 것! 그것이 아픔이든 기쁨이든 분명한 것 한 가지는 '너' 없이 '나' 는 없다는 것입니다. 그런데 우리네 살아감의 내용을 들여다보면 너 없이도 나는 얼마든지 살아갈 수 있다는 무서운 개인주의 바이러스에 완전히 감염된 듯한 모습들입니다.

더불어 살아감에는 사랑이 필요하고, 너를 향한 배려가 필요합니다. 또한 '함께' 라는 어울림도 필요합니다. 그런데 우리는 마치 너 때문에 내가 안 되는 듯, '너만 없다면 나는 행복할 것 같은데' 라는 황폐한 思考의 틀에 갇혀 허우적거리고 있는 것 같습니다. 혹여 나도 그런 무리 가운데 하나는 아닌가 하는 생각에 몸을 떱니다.

이토록 무서운 바이러스는 교회 안에까지 밀려들어 성도들의 의식까지 병들게 하는 일들이 종종 일어납니다.

교회는 예수님의 십자가 보혈로 하나가 된 공동체입니다. 예수 그리스도의 성령으로 하나 된 사랑의 공동체입니다.

"하나님이 세상을 이처럼 사랑하사 독생자를 주셨으니"라는 구절을 읽을 때마다 사랑함이 생명을 건 병이 된 하나님의 마음을 왜 우리는 깨닫지 못할까 안타깝기만 합니다.

너의 아픔을 달래주기 위해 내가 노래할 수 있다면, 너의 나약함을 위해 나의 적은 것이라도 네게 나눠줄 수 있다면, 너의 기쁨을 위해 내가 가진 이 기쁨을 나눌 수 있다면 그것이 사랑함의 병일 것입니다.

비록 우리가 나의 행복과 나의 기쁨을 위해 너를 아프게 하고 너를 힘들게 하는 사람들 속에 살아도, 진정 그리스도인이라면 '너를 사랑하는 주님의 병' 에 한번쯤은 걸려도 좋겠다는 생각을 합니다.

깊은 겨울 해가 저물어갑니다. 겨울바람은 가난한 자의 옷깃을 더욱 사정없이 아프게 파고듭니다.

여러분은 누군가를 사랑하고 싶은 마음이 있습니까? 그런데 사랑할 사람이 없습니까? 사랑할 사람이 없다는 것, 그것은 사랑할 '너' 가 없는 것이 아니라 사랑하지 않으려는 내 마음의 황폐함에서 오는 배척 때문은 아닌지를 돌아보면 좋겠습니다.

'누군가' 를 사랑할 수 있다는 것은 행복입니다. 그 '누군가' 는 나의 도움이 절실히 필요한 내 이웃의 소외된 작은 자이기를 바랍니다. 우리의 주변에는 그런 작은 자들이 너무도 많이 있습니다. 그들을 말없이 돌아보는 것, 찾아가는 것, 그것이 소리 없이 내 가슴에 밀려드는 행복의 시작인 '사랑함의 병' 입니다. 오늘 우리 모두가 이 '사랑함의 병' 에 걸려보십시다.

39

이 겨울의 사랑

추운 겨울, 한 끼 식사를 걱정하는 실직자들의 아픔을 생각하면서
누군가를 위하여 무엇인가 베풀 수 있는
그런 오늘을 보낼 수 있기를 바랍니다.

부산에서 집회를 하는 동안 오후 한나절에는 자갈치 시장을 둘러보았습니다. 사람 살아가는 진솔함을 보았습니다. 생생한 삶을 느꼈습니다. 겨울날씨답지 않게 포근한 날씨였지만 추위에 귀까지 스카프를 둘러쓴 할머니의 코끝에는 콧물이 달려 있었습니다. 자갈치 시장은 저마다의 삶을 엮어내는 숱한 사람들의 모습으로 인생의 단면도를 그려주고 있었습니다.

그 많은 사람들 가운데 특별히 저의 시선을 끄는 사람이 있었습니다. 어느 시장에서나 볼 수 있는 사람입니다. 그들은 절박한 신체적 핸디캡을 안고 있는 사람들입니다. 그런 가운데서도 나름대로의 방식대로 살아가는 그 가난한 이웃은 나의 눈이 아닌 마음으로 들어왔습니다.

그들을 바라보는데 그들은 '어쩌면 온전한 사람들 보다 더 정직하고 진솔한 삶을 살아가는 작은 자들일 것이라' 는 생각이 들었습니다.

그러면서 그들에 비하여 상대적으로 더 좋은 환경에서 살아가는 사람들이 거짓과 술수에 훨씬 익숙한 삶을 살 것이라는 생각을 했습니다. 왜 그런 편견을 했는지, 지금 돌이켜 생각해 보아도 고소(苦笑)를 금치 못합니다.

조금은 춥다는 느낌을 갖고 걸음을 옮겨 다시 걷기 시작했습니다. 그런데 몇 걸음 못 가 걸음을 멈추고 만 한 장면이 있었습니다. 한 부자(父子)의 모습이었습니다. 오른손은 아버지의 왼손을 잡고, 왼손에는 얼음과자를 입에 물고 있는 아이의 얼굴도 그렇지만, 포장마차 앞에서 선채로 소주잔을 기울이는 잘되어야 40대 초반처럼 보이는 남자의 얼굴표정이 내 걸음을 한참이나 멈추게 했습니다. 전혀 혼자 생각이지만 아내가 없는 것이 틀림없었습니다. 그렇게 포장마차 앞에서 소주를 다 마시고 자리를 떠날 때까지 나도 내내 멀찌감치 서서 그들을 바라보다가 걸음을 옮겼습니다. 왠지 모를 슬픔이 온 몸을 감싸고 돌았습니다.

걸음을 옮겨 놓으며 자신을 돌아보았습니다. 불평할 이유가 하나도 없었습니다. 그리고 생각이 나아갔습니다. 부족한 것이 하나도 없는 삶을 살아가면서도 이 세상에 살아가는 대다수의 사람들처럼 가난한 자를 향한 관심도 없고, 가난한 자의 눈물을 닦아 줄 생각도 못하며, 가난한 자의 아픔을 달래 줄 아무런 마음도 없이 오직 나 자신만의 평안과 행복을 추구한다면, 나는 진정한 그리스도인이라 할 수 없을 것이라는 것입니다. 아니, '가난한 그들에게 사랑이라는 이름의 어떤 것도 주는 것이 없을지라도 그들에게 아픔이라도 주지 않는 삶이어야 최소한 사람다운 삶이 아닐까? 라는 생각이 들었습니다.

사람다운 삶을 살아간다는 것, 그것은 하나님이 맡겨주신 재물을 잘 관리하고 가난한 이웃에게 선행을 베풀며 더불어 사는 생활에 힘쓰는 것입니다. 그렇게 살 때 내가 있는 그곳이 바로 천국이요 그 생활이 바로 구원받은 백성으로서 사람답게 살아가는 삶입니다.

신구약 성경 속에 나타나는 하나님의 가난한 자를 위하여 배려하시는 뜻을 오늘을 살아가는 우리가 진정으로 깨닫는다면, 오늘 교회가, 그리스도인이 어떻게 살아야 할 것인가를 알고 실천하는 삶을 살게 될 것입니다.

하나님의 뜻은 가난한 자들에게 베푸는 것입니다. 다른 사람보다 더 많은 재물을 선물로 받았다는 마음을 가질 때 나눔의 삶이 실천 될 수 있습니다.

덴마크 격언에 '이 세상에 이웃 없이 지낼 수 있을 만큼 부유한 사람은 단 한사람도 없다.' 는 것이 있습니다.

'먼저 그대 자신을 이 사회에 유익한 사람으로 만들라. 빵은 저절로 따라 올 것이다.' 라는 에머슨의 말도 생각납니다.

추운 겨울, 한 끼 식사를 걱정하는 실직자들의 아픔을 생각해 보면서 누군가를 위하여 무엇인가 베풀 수 있는 그런 오늘을 보낼 수 있기를 바랍니다.

이 겨울을 보내면서 나의 추운 겨울나기만을 준비하는 것이 아니라 내 이웃의 추위를 녹여줄 수 있는 무엇인가도 준비할 수 있기를 바랍니다. 그것이 무엇이든 작은 것 한 가지라도 실천하십시오. 하나님의 따뜻한 사랑이 여러분과 함께 하신다면 그 사랑이 가난한 내 이웃에게 전달되는 오늘을 사십시오. 우리는 천사도 흠모하는 직분을 가진 사람들입니다. 하나님의 아들이요 딸입니다. 하나님의 사랑을 실천하는 당신을 주님의 이름으로 축복합니다.

40

주님의 사랑은

주님의 변함없는 사랑이
저를 강권하시는 가장 큰 원천이요
이 일을 위하여 제가 있기 때문입니다.

연초부터 목회 일정은 단 하루도 쉴 틈을 낼 수가 없습니다. 하루
만이라도 모든 것을 다 잊고 쉼을 가질 수 있다면 더 없이 좋겠다는
생각을 하면서 벌써 몇 달 째 이렇게 동분서주 하고 있습니다. 사람이
기 때문에 지친 나머지 아내 앞에서 "누구를 위해 종을 울리나?"라고
넋두리를 하다가 "하나님의 영광을 위하여 라는 표어를 성도님들과
제창하고 어떻게 목사님이 연초부터 그런 말씀을 하시냐?"고 핀잔을
들은 일이 있었습니다. 백번 옳은 말이라 생각하면서도 그래도 좀 쉬
고 싶은 마음은 정말이지 숨길 수 없는 저의 솔직한 심정이었습니다.

"집회 안 나가시면 될 일을 뭐 그리 복잡하게 생각하느냐?"고 간단
하게 해석하시는 어느 집사님의 말씀대로 그렇게만 되면 얼마나 좋
겠습니까. 그러나 나에게 주어진 현실은 그것조차도 내 뜻대로 하지
못하는 상황입니다. 그래서 때로는 정말 어떤 것이 옳고 그른 것인지
분명한 정리를 하지 못하는 자신이 미워질 때도 있습니다. 그래도 올

해는 거룩한 거짓말(?)을 하면서 수많은 교회 부흥사경회 일정을 취소하기도 하고 거절하기도 한 탓에 때로는 억울한(?) 소리까지 들어야 했지만, 나도 내 목회 현장을 보다 기름지게 가꾸어야 할 책무를 핑계로 많은 집회를 거절하고 취소했습니다.

연중무휴일 정도의 바쁜 부흥집회 사역으로 어쩔 수 없이 저의 목양 초장을 많이 비우게 되는데도 불구하고 항상 넉넉함으로 못난 구석뿐인 저를 다듬어 주시면서 울타리가 되어 주시는 장로님들의 마음이 한 없이 고맙기만 합니다.

또한 우리 교회 부교역자들의 맡겨진 각자의 선교구를 신명을 다해 지키고 보살피고 가꾸는 동역도 눈물겹도록 고맙습니다.

어제나 오늘이나 변함없이 담임목사를 위해 눈물겨운 기도의 동역을 쉬지 않는 성도님들의 간절한 간구소리에 저는 목사로서 감사로 목이 멥니다.

　　원로장로님들의 언제나 "어찌 하든 건강관리 잘하시고"라는 말씀
과 함께 잡은 손을 놓지 못하시며 걱정하시던 모습은 자식을 생각하
는 부모의 마음인 것을 왜 모르겠습니까.

　　대수술까지 하셨던 은퇴 장로님을 목양실에서 뵙게 되었을 때 제
가 그 품에 안겨 그냥 어린아이처럼 울음을 터뜨려야 했던 것도, 바깥
일로 인해 안의 일을 제대로 돌아보지 못하는 아픔이 한꺼번에 터진
때문이었습니다.

　　매주일 아침마다 목양실을 찾아오셔서 저의 건강을 걱정하고 확인
하면서 잡아주는 장로님의 손에서 더 없는 신뢰와 위로의 체온을 어
제도 오늘도 느끼면서 새 힘을 얻습니다. 그리고 임직의 날 서원했던
것을 되새기며 주님의 나귀 된 걸음을 옮깁니다.

　　오랜만에 만난 담임목사의 모습을 불평하지 않고 도리어 위로하면
서 웃어주는 참으로 아름다운 하나님의 사람들!

　　갈라디아 교회 교인들에게 보낸 바울의 편지를 생각하면서 또 다
시 눈시울을 적십니다.

　　바울이 연약한 육신으로 교회를 돌아볼 때 그 병약하고 지친 바울
을 성도들은 업신여기지 않았습니다. 버리지도 않았습니다. 오히려
하나님의 천사처럼 혹은 그리스도 예수님께 하듯 영접하고 섬겼을
뿐 아니라, 안질이 좋지 않은 바울을 위하여 눈이라도 빼어주려 했던
갈라디아 교인들이었습니다. 바울은 그 사랑을 추억하면서 자신은
해산하는 수고를 아끼지 않으리라 고백하였습니다.

　　바울의 이 고백과 갈라디아 교인들의 사랑을 묵상할 때마다 그 고
백이 마치 제가 우리교회 장로님들과 성도들께 하고 싶은 속내를 표
현한 듯하여 오늘따라 더욱 감정이 북받치며 눈물이 납니다.

마귀는 쉼의 시간에 가까이 다가오지 쉴 틈 없이 활동하는 시간에 다가오지 못한다는 말을 생각합니다. 때론 건강에 황색신호가 들어오지만 주님의 나귀 되어 행보하는 저의 사역에 동행해 주시는 여러분의 변함없는 사랑이 녹색신호가 됩니다. 그래서 오늘 또 다시 새 힘을 얻어 일어나 걷습니다. 주님의 변함없는 사랑이 저를 강권하시는 가장 큰 원천이요 이 일을 위하여 제가 있기 때문입니다. 그러므로 저는 그 사랑 안에서 행복합니다. 감사합니다.

하나님의 사람, 당신들께서도 다시 맞는 한 주간이 주님의 변함없는 사랑 안에서 더욱 아름답고 행복하시기를 기도합니다.

41

청출어람 청어람(靑出於藍 靑於藍)

'청색은 남색에서 나왔지만 남색보다 푸르다'는 뜻으로
스승을 능가하는 제자를 일컬어하는 말입니다.

인생은 만남입니다. 젊은 안연(顔淵)이 공자(孔子)를 만났습니다. 그를 만나 안연은 깊은 진리를 깨닫게 되었습니다. 좋은 정치가를 꿈꾸는 청년 플라톤이 소크라테스를 만났습니다. 소크라테스를 만난 플라톤은 정치가의 길을 버리고 철학자가 되었습니다. 율곡 이이는 퇴계 이황을 만나 조선 유학의 거봉이 되었습니다. 삼중고의 헬렌 켈러는 설리번 선생을 만나 어둠에서 절망하는 이 땅의 많은 사람들에게 빛을 주는 사람이 되었습니다. 이들 모두는 도덕과 윤리, 철학이라는 학문의 큰 수레바퀴를 역사 위에 굴린 위대한 사람들입니다. 이들의 만남은 역대의 걸작으로 그 기록을 남겼습니다.

엘리야와 사르밧 여인의 만남, 엘리사와 수넴 여인의 만남, 바울과 루디아의 만남, 엘리야와 엘리사의 만남, 다윗과 요나단의 만남은 생명이 있고 삶의 숨결이 있는 만남이었습니다.
그러나 아합과 이세벨의 만남, 삼손과 들릴라의 만남, 발람과 발락

의 만남, 가룟 유다와 제사장들의 만남은 배반의 만남이었습니다. 아
픔의 만남이며 비극의 만남이었습니다.

누구를 만나느냐에 따라 만남의 의미는 천차만별 달라집니다. 나
에게도 만남의 아픔과 기쁨이 있습니다. 아픈 만남은 가슴에 묻어두
고 세월을 보내야 할 삶의 한 시간이지만, 기쁜 만남은 두고두고 행복
을 창출하는 솟는 샘물이 됩니다.

영남교사 교육대회 강사로 헌신했던 시간이었습니다. 강의 마지
막 시간의 내용은 "지금 가르치는 교회학교 학생들이 후일 성장하여
'선생님의 가르침으로 인해 오늘의 내가 있게 되었습니다.' 라고 여
러분 앞에 고백하며 서는 그 날을 바라보면서 교사의 직임을 다하라"
는 것이었습니다.

마지막 강의를 마치고 내려왔을 때 현관에는 나를 기다리는 한 부
부가 있었습니다. 믿음의 아들과 딸로 여기며 오늘에 이른 서울에서
목회를 하고 있는 김목사 내외였습니다.

사람들을 만나면 나는 언제나 덥석 안는 것이 습관입니다. 그날도
예외 없이 그들을 품에 안았습니다. 그런데 전과는 다른 느낌이 가슴
으로 전해져 왔습니다.

그들과 함께 동행하여 교회 커피 샵 엘림 홀에 마주 앉았습니다.
그 때 그들은 한 권의 논문집을 제 앞에 내어 놓았습니다. 그리고 눈
시울을 붉히며 들려주는 김 목사의 이야기는 강의를 하느라 피곤했
던 저의 피곤을 말끔히 씻어주는 기쁜 소식이었습니다.

김목사 내외는 장로회신학대학교에서 목회학 박사학위 논문이 통
과되고 논문집이 출판되자 말자 그것을 품에 안고 포항까지 달려온

것입니다.

그것이 뭐 그리 대단한 일이냐고 의아해할지 모르지만 그것은 김 목사를 모르는 사람들의 의문입니다. 김 목사를 아는 나의 심령 폐부에서 치솟는 감사는 억제할 수 없는 기쁨으로 폭발하며 결국은 아이들 앞에서 눈물을 보이고 말았습니다.

가난의 아픔은 그의 삶을 눈물의 음료를 마시게 했습니다. 그러나 그 눈물이 있었기에 많은 사람들의 아픔을 씻어줄 수 있는 목회를 할 수 있게 되었습니다. 배움이 한이 되어 뒤 늦은 만학도로 대학을 다녔습니다. 그리고 그의 끝없는 향학열은 석사 학위를 마치고 마침내 박사 학위과정까지 끝을 낸 것이었습니다. 그의 그런 향학열은 그의 목회의 폭을 넓히고 높이는 힘이 되었습니다.

그의 한 걸음 한 걸음 착실하게 쌓아간 걸음이 그렇게 오늘에 이르

렀습니다. 그럼에도 불구하고 내게 있어 그는 항상 물가에 세워둔 어린아이 같은 사람으로 느껴졌었습니다.

이제 그도 학문의 정상에 서고 깊어진 목회 세월을 살며 믿음의 스승과 제자로 마주앉으니 지난 세월을 돌아보는 감회가 새로워 새삼 목이 메는지 말을 제대로 잇지 못했습니다. 그의 울먹이는 말입니다.

"오늘이 있기까지에 절대로 빼놓을 수 없는 것이 전적인 목사님의 사랑과 인도하심입니다. 목사님의 사랑은 저희들에게는 그 무엇에도 비교할 수 없고, 무엇과도 바꿀 수 없으며 무엇으로도 갚을 수 없는 것입니다. 그러나 아주 조금이라도 그 감사를 표현하고 싶어서 아내가 목사님 양복을 한 벌 꼭 해드리고 싶은 마음으로 오랫동안 준비한 것이니 받아 주시기 바랍니다."

울먹이는 김 목사에게 내가 할 수 있는 말은 '靑出於藍 靑於藍'이었습니다.

'청출어람 청어람'은 성악설의 창시자 순자의 권학편에 나오는 한 구절입니다. '청색은 남색에서 나왔지만 남색보다 푸르다'는 뜻으로 스승을 능가하는 제자를 가리키는 말입니다.

그렇습니다. 나는 김 목사가 나보다 학문적으로나 목회적으로 더 훌륭한 행보를 하기를 소망하면서 오늘에 이르렀습니다. 그에게 내가 이것이라고 똑 부러지게 짚어 가르친 것은 없습니다. 그러나 그는 나의 가르침으로 자신이 오늘에 이르렀다 했으니 또 다시 그를 향해 바랍니다. '청출어람 청어람!' 참으로 그런 믿음의 아들이 되었으면 하는 마음입니다.

참으로 오랜만에 가슴에 기쁨이 강물이 되었습니다.

42

설 날

오는 설에는
영원히 망향의 추억 속에 살고 있는 어린 소년의
기쁨과 행복을 가져와 느껴보렵니다.

언제나 설이 돌아오면 어김없이 '민족의 대 이동' 이라는 용어가 언론의 화두에 오릅니다. 우리네 고유명절로서의 설은 빈부와 상관없이 모든 이에게 설레임을 갖게 합니다.

'설' 또는 '설날' 을 뜻하는 한자어로는 정초(正初), 세수(歲首), 세시(歲時), 세초(歲初), 신정(新正), 연두(年頭), 연수(年首), 연시(年始) 등이 사용됩니다. 그러나 이러한 한자어 보다는 우리의 설 문화는 그냥 '설' 이라는 토박이말이 더 정감 있게 느껴지기도 합니다.

'설' 에 대한 기원도 다양합니다. '한 살 나이를 더 먹는다.' 라는 말에서 '살' 이 '설' 이 되었다는 견해와, '장이 선다' 는 '선다' 의 '선' 에서 '설' 이 되었다는 견해가 있습니다. 그런가 하면 '삼가다', '조심하여 가만히 있다.' 는 뜻의 옛말 '섧다' 에서 왔다는 견해도 있습니다.

이와 같은 의미를 되새겨 보면 '설' 의 의미는 새 해 새 날이 시작된다는 의미를 되새길 수 있고, 설날을 몸가짐에 그릇됨이 없도록 조심하는 날이라는 뜻으로 새겨 볼 수도 있습니다.

설날의 전날을 '섣달그믐' 이라 하는데 이 날은 '까치의 설날' 이라고 했습니다.

어렸을 적 어느 설이 생각납니다. 그날은 섣달 그믐날이었습니다. 내일이면 설이라 아버지께서 우리의 새 옷을 사 오시겠다고 말씀하시고 장으로 가셨습니다. 그런데 밤이 늦도록 아버지가 돌아오시지 않았습니다.

가족들은 걱정에 조바심을 내며 기다렸습니다. 시간이 흐를수록 기다리는 마음은 시시각각 다른 의미로 바뀌어갔습니다. 처음에는 새 옷, 새 신에 대한 기대로 흥분되어 기다렸습니다. 그러나 점점 시간이 가고 늦어지자 혹 사고를 당하신 건 아닌가 하는 걱정을 하게 되었습니다. 이제 새 옷, 새 신 따위의 생각은 간 데 없이 사라졌습니다. 바라는 것은 오직 아버지의 무사 귀가였습니다. 함께 기다리던 동생은 잠이 들고 맙니다. 몇 살이 위였던 저는 어머니와 함께 아버지를 찾아 마중을 나갑니다.

시골의 밤길은 무척이나 어둡습니다. 그것도 그믐밤이니 그야말로 칠흑 같은 어둠이었습니다. 시대가 시대라 손전등 같은 것은 물론 없던 때입니다. 마을에서 시내까지는 20여리, 캄캄한 밤길을 오직 하늘빛에 가늠하며 걷다보니 어느 새 5리도 족히 넘을 앞마을까지 와 있었습니다. 오는 동안 길 저쪽에서 희끄무레한 모습만 보여도 "아부지껴?(아버지세요)" 하고 소리를 질렀습니다. 몇 차례를 그렇게 헛짚으며 나아갔습니다. 다시 캄캄한 길 저만치서 인기척이 납니다.

"아부지껴?(아버지세요?)"

"누구로? 임중이가?(누구냐? 임중이냐?)"

그 때의 기쁨이란 이루 말로 다할 수 없는 것이었습니다. 극에 달한 긴장과 초조함이 일시에 해소되어 날아가는 그 느낌, 그것을 무어라 말하겠습니까.

한 치 앞을 볼 수 없는 캄캄한 밤길을 걸으며 얼마나 간절한 마음으로 아버지 만나기를 기원했는지 모릅니다. 그 기원으로 만난 아버지라 반가움은 그야말로 극에 닿았습니다.

기원이 이루어진 반가움은 눈 깜짝할 새 다시 엉뚱한 기대감에 밀려났습니다. 눈은 아버지 손에 들려 있는 물건 보따리에 가 멎었고

온 마음은 그곳으로 쏠렸습니다. '과연 내 옷은 어떤 것을 샀을까? 신발은 맞을까.......?' 하는 궁금증과 기대감으로 울렁이는 가슴을 안고 집으로 돌아오는 길은 멀게만 느껴졌습니다.

종종걸음으로 부모님을 따라 집에 도착하기가 무섭게 풀어본 보따리에서 나온 새 옷과 새 신....... 바라보는 것만으로도 하늘을 날 것 같은 기쁨이었습니다. 그 기쁨 위에 새로 사온 옷과 신을 황급히 입고 신어보는 기분이란 그야말로 터질 것 같은 행복 그 자체였습니다.

그 기쁨과 그 행복은, 아무리 수많은 세월이 지나도 절대로 잊혀지지 않는 가난한 날의 행복했던 어린 소년의 아름다운 추억입니다.

벌써 제 나이 이순도 넘기는 세월을 살고 있습니다. 새로운 우리네 민족의 한 해를 맞으면서 이미 오래 전에 천국으로 가신 아버지와 어머니를 생각하며 올해도 아이들의 세배를 받게 될 것입니다. 미국 유학을 하며 목회를 하는 큰 아이의 가족은 어쩌면 금년에는 볼 수 없을 것도 같습니다. 그래도 둘째 아들 가족이 가까운 곳에서 의사로 일하고 있어 외롭지는 않을 것입니다.

이렇게 설날을 앞두고 있으니 새록새록 옛날의 오손 도손 한 지붕 밑에서 살았던 가족이라는 이름의 아름다운 이름들과 얼굴들이 새롭게 다가옵니다. 오는 설에는 영원히 망향의 추억 속에 살고 있는 어린 소년의 기쁨과 행복을 가져와 느껴보렵니다.

민족의 대 이동이라는 설 연휴 기간에 여러분도 가정이라는 울타리 속에서 가족의 아름다움을 새로운 감동으로 경험하시기 바랍니다. 그리고 나와 대면하는 모든 사람들에게 행복이 되어주시면서 더욱 행복한 설 명절을 주 안에서 잘 보내시기 바랍니다.

43

산다는 것은?

너의 유익을 위해 행동하는 오늘의 나의 삶이
산다는 것의 참 의미입니다.
그것이 사랑이며 산다는 것의 절대 가치입니다.

제게 있어 언제나 가장 힘든 문제는 건강이었습니다. 타고난 체질이 약골인데다 언제부터 시작된 것인지 분명하지 않은 다리가 저리는 고통이 있습니다. 밤이 되면 이 통증은 더욱 심해져서 거의 그냥은 잠을 들지 못합니다. 아픈 다리를 주물러 주느라 잠을 설치는 아내의 모습이 안쓰러울 때가 한 두 번이 아닙니다. 참으로 아플 때나 병들었을 때에나 변함없이 곁을 지켜주는 아내가 있기에 이만큼이라도 건강한 몸으로 목회를 할 수 있다는 생각에 고마움과 측은함이 늘 미안함으로 남습니다. 또한 비록 약골인 나이지만 바울의 고백처럼 나의 나 된 것은 하나님의 은혜임을 오늘도 고백하며 살아갑니다.

할 수 있는 최선을 경주하며 살아온 시간들, 속된 표현으로 미친 듯 목회와 학문에 정진해 온 삶은 어느 새 이순을 넘었습니다. 그렇게 열심을 다해 살았건만 때때로 나도 모를 허전함이 밀려와 망연자실해질 때가 있습니다. 그럴 때면 주님을 불러봅니다. 그리고 하늘을 올려다봅니다. 이것도 버릇이 되는 것 같습니다.

산다는 것은 무엇인가?

가난의 옷을 입고 살아오는 동안, 비록 가난의 옷을 벗지 못한다할지라도 마음만은 부자이기를, 행복할 수 있기를 기도하면서 오늘을 살아왔습니다.

보다 값진 날들을 소망하며 내일을 향해 달려가는 시간 속에서 땀으로 얼룩진 내 얼굴에 한 순간만이라도 소탈한 웃음이 사라지지 않기를 기도하면서 오늘을 살아왔습니다.

걸음걸음 걷는 길이 가시밭길 같은 길을 행보 하면서도, 길가에 숫아난 잡초 같은 아픔을 소망의 눈물로 채우며 보람을 가꾸면서 오늘을 살아왔습니다.

때로는 앙상한 나뭇가지를 사정없이 후리는 겨울바람처럼 모진 삶이 내 인생에 아픈 상체기를 남기는 순간순간에도, 풍상을 이기는 소나무처럼 굳은 의지로 초지일관 목적 있는 삶을 향하여 오늘을 살아왔습니다.

몸부림을 칠수록 빨려 들어가는 것 같은 삶의 늪 같은 자리에서 벗어나기 위해서는 잠깐이라도 기도하지 않고는 절대로 일어 설 수 없다는 일념으로 오늘을 살아왔습니다.

수 없이 많은 다가왔다 멀어져 가는 사람들! 그리고 멀어졌다가 다시 다가오는 사람들, 사람들......! 그럴 때마다 벳새다 언덕의 예수님을 생각합니다. 수 천 명의 군중이 예수님께로 다가왔습니다. 그러나 다시 그런 수 천 명의 사람들이 예수를 십자가에 못 박으라고 외쳐 대며 멀어져 갔습니다.

예수님께는 향유를 깨뜨려 발을 닦아드린 마리아가 있었는가 하면 그 예수님을 은 30에 팔아넘긴 유다도 있었습니다. 바울에게는 자신의 목이라도 내 놓을 사랑의 동역자들 에바브로디도와 디모데, 그리고 브리스길라와 아굴라 부부가 있었습니다. 그런가 하면 항상 바울에게 해를 입혔던 구리 장색 알렉산더도 있었습니다.

나의 에바브로디도와 데모데는 누구이며 브리스길라와 아굴라는 누구인가? 그리고 나는 누구에게 에바브라와 디모데며 브리스길라와 아굴라인가?

살아온 날들을 되돌아보면서, 살아가고 있는 오늘을 생각해 보면서, 살아가야 할 날들을 예견해 보면서 산다는 것이 무엇인가를 생각합니다.

"목사님, 오늘따라 머리가 더 많이 희어진 모습에 눈물이 나요. 둘째 아드님이 성형외과 의사인데 주름 좀 정리할 수 없어요?"

엘림 홀에서 만난 모 집사님의 안타까워하는 음성이 제 가슴에 작은 파문을 일으킵니다. 파문을 따라 떠오르는 모습들이 있습니다. 주일 이른 아침 찬양대석에 앉아 계시는 연로하신 장로님들의 모습입니다. 매일을 주일인 듯 살아가는 교회 곳곳에서 말없이 헌신하는 분들의 모습입니다. 그리고 오늘 저는 새로운 마음으로 삶의 의미를 되새깁니다.

산다는 것은 무엇인가?

나를 위해 십자가에서 죽으신 주님의 사랑을 감사하면서 그 사랑을 이웃과 함께 하는 것입니다. 그 마음으로 너의 유익을 위해 행동하는 오늘의 나의 삶이 산다는 것의 참 의미입니다. 그것이 사랑이며 산다는 것의 절대 가치입니다.

44

그 분이 채찍에 맞음은…

거짓된 평화가 아닌
오직 하나님으로부터 오는 순전한 평화 '에이레네(Ειρενη)',
그 지극한 평화와 잔잔함이 우리의 삶의 환경이 될 것입니다.

참 분주한 세상이라는 생각이 듭니다. 어느 곳에서도 묵상할 틈이 보이지 않을 정도로 사람 살아가는 오늘이 참 시끄럽다고 느껴집니다.

적막강산이라는 말이 딱 들어맞던 깊은 산중의 사찰도 요즘은 분주하다는 어느 승려의 말이 떠오릅니다. 그래도 조용한 가운데 묵상할 수 있는 곳을 꼽으라면 예배당 일듯 한데 오늘날은 예배당도 분주하기는 매 한가지입니다.

분주하다는 것은 상황을 일컬어 말하는 것이 아닙니다. 우리의 내면을 빗대어 하는 말입니다. 왜냐하면 요즘 사람들의 마음이 그만큼 시장처럼 시끌벅적 요란하기 때문입니다.

사순절 기간을 보내면서 좀 더 조용했으면 좋겠습니다. 그런 저의 목사로서의 바람도 한낱 기우인양 사람들은 조용한 마음으로 주님을 묵상할 여유를 갖지 못하는 것 같습니다.

그러다 보니 사람들의 왁자한 마음은 평안이 없어 더욱 황폐하게 되어갑니다. 요란한 마음은 육신의 정욕과 안목의 정욕과 이생의 자랑에 동분서주하게 될 수밖에요. 아마 그런 것들의 실상은 이기주의에서 일어나는 마음의 먼지일 것입니다. 나에게도 유익함이 없고 너에게도 유익이 없는 마음의 먼지, 그로 인해 우리는 더욱 탁한 정신적 환경에 노출되어 숨도 제대로 쉬지 못하고 오늘을 살아가는지도 모릅니다.

이사야 선지자는 이것을 먼저 볼 수 있는 눈이 열렸습니다. "그는 실로 우리의 질고를 지고 우리의 슬픔을 당하였거늘 우리는 생각하기를 그는 징벌을 받아서 하나님에게 맞으며 고난을 당한다 하였노라. 그가 찔림은 우리의 허물을 인함이요 그가 상함은 우리의 죄악을 인함이라. 그가 징계를 받음으로 우리가 평화를 누리고, 그가 채찍에 맞음으로 우리가 나음을 입었도다(사53:4-5)." 이 고백은 깊은 묵상 가운데 영안이 열린 사람에게서 나오는 고백이요 증언입니다.

이 사실을 안다면, 그분이 찔리고 상하고 징계를 받고 채찍에 맞음을 오늘 우리가 안다면 우리는 조용해 질 수밖에 없습니다. 결코 입을 열 수 없습니다.

그런데도 오늘날 그분을 믿는다는 사람들이 너무 많은 말을 합니다. 시끄러워서 귀를 막고 싶을 정도로 많은 말들을 합니다. 그 많은 말들의 중심에는 하나 같이 '내가', '내가'를 강조하는 것뿐입니다.

그 분이 채찍에 맞은 진의를 안다면, 우리는 온갖 반목과 증오와 싸움들을 그만둘 수밖에 없습니다. 나의 도움이 필요한 작은 자들의 신음에 귀를 막을 수 없고, 비틀거리는 그들의 걸음을 외면할 수 없습니다.

진정으로 그 분이 채찍에 맞은 의미를 안다면, 나의 기쁨을 말하기 전에 너의 아픔을 먼저 위로할 수 있는 넉넉함을 가질 수 있습니다.

김태윤 님의 '감정 다스리기'에 나오는 말 중에 이런 것이 있습니다. '물 위에 글을 쓸 수는 없다. 물속에서는 조각도 할 수 없다.'

물의 본성은 흐르는 것입니다. 그래서 말하기를 '우리의 성난 감정을 바로 이 물처럼 다루어야 한다.'고 했습니다. 우리의 감정을 물처럼 다룰 수 있는 삶, 그것이 신앙생활이라면, 우리는 사순절 기간만이라도 그분이 찔리고 상하고 채찍에 맞음을 깊이 묵상해야 할 것입니다.

'세익스피어'는 말했습니다. "사랑이 시작될 때 사람은 가장 행복하다. 그때는 사랑하는 사람에게 아무것도 원하지 않고, 그와의 관계에서는 아무것도 계산하지 않으며, 오직 사랑에 대한 순수한 기쁨만으로 충만해 있다. 사랑의 첫째 조건은 그 마음의 순결함이다."

우리가 주님을 사랑한다면, 이 말을 이해하고 그 사실을 자신의 삶을 통해 나타낼 것입니다. 거기에는 먼지를 일으키는 사람들의 입으로 말하는 '팍스 로마나(Pax Romana)'와 같은 거짓된 평화가 아닌 오직 하나님으로부터 오는 순전한 평화 '에이레네($E\iota\rho\epsilon\eta\eta$)'만이 가득할 것입니다. 그 지극한 평화와 잔잔함이 우리의 삶의 환경이 될 것입니다.

매일의 우리네 시간 속에 사순절처럼 주님을 향한 더 깊은 묵상의 시간들이 있기를 주님의 이름으로 권면합니다.

45

자격이 되는 사람

당신은 자격증만 있는 자격 없는 사람입니까?
아니면 자격이 되는 자격증 없는 사람입니까?

초등학교 특수반에서 도우미 역할을 하면서 경험한 일의 보람과 관계의 감동을 적어 보내준 집사님의 자기소개서 가운데 우리 모두가 마음에 담으면 좋겠다 싶은 것이 있어 여기에 옮겨 봅니다.

"자격증이 있는 사람이 있고, 자격이 되는 사람이 있습니다."

물론 자격증이 있으면서 자격이 되는 사람이라면 그야말로 금상첨화겠지요. 자격증이 있다는 것 자체가 자격이 된다는 객관적인 인증입니다. 그러나 보다 면밀히 말하면 자격이 되지도 않으면서 자격증을 갖게 되는 경우가 있습니다. 그러다 보니 그것이 본인뿐만이 아니라 또 많은 사람들을 힘들게 하는 상황이 왕왕 발생하기도 합니다. 우리 주변에서 흔히 일어나는 일이지 않습니까?

엊그제 목양실을 찾아 온 후배 목사가 있습니다. 정직하게 고백을 하자면, 저의 목회 현장에서 양육된 제자 같은 내외입니다. 이들을 맞

아 이야기를 나누는 가운데 저는 자격이 되는 목회와 그렇지 못한 목
회를 생각 했습니다.

그는 3년 가까이 계속되는 동역자의 지능적인 횡포에 힘들어하면
서도 참고 또 참으며 지냈습니다. 그 인고의 세월 끝에 주님께서 아주
아름답고 선한 인도하심을 통해 그에게 새로운 목양지를 허락해 주
셨습니다. 그 때, 제게 있을 때 늘 가르쳤던 切磋琢磨(절차탁마)의 교
훈이 새삼 기억나며 너무 감사해서 부임하기 전에 인사를 하러 왔다
는 것입니다.

넙죽 절을 하는 젊은 목사 부부를 품에 안아 주면서 저는 '當然之
事(당연지사)' 의 교훈을 다시 일깨워주며 격려를 해 주었습니다.

또 다른 한 후배는 40 중반의 나이에 수능시험을 치르고 대학의 영
어영문학과에 입학했습니다. 그리고 열심히 공부하여 전 학년 최고
의 성적을 받자 대통령상을 수상하게 되어 다시 대학원에 입학을 하
게 되었습니다. 50이 넘어선 지금도 그는 학교와 가정을 잘 이끌어 가
면서 목회를 하는 자랑스러운 후배 목사님입니다. 그가 대통령 특별

상 금메달을 내놓고 하염없이 울면서 감사로 고백한 말은 이런 것이 었습니다. ‘언젠가 목사님께서 써 주신 격려의 메시지를 코팅하여 힘 들고 어려울 때마다 그것을 보면서 오늘에 이르게 되었습니다.’ 그 말을 들을 때 C 목사님에게 저는 마음속에서 진심으로 우러나는 “C 목사는 이 금메달이 아닐지라도 이미 주님 앞에, 그리고 역사 앞에 훌 륭한 자격이 있는 사람이야.”라는 격려의 말을 해 주었습니다.

살아가노라면 바울을 낙심케 한 데마 같고 구리장색 알렉산더 같 은 사람도 만나고, 예수님을 배반한 유다 같이 그 결과가 실패와 어두 움이 된 사람도 봅니다. 또 더러는 고난과 눈물, 억울함과 배반의 아 픔을 당하면서도 주어진 길을 묵묵히 행보함으로 역사의 빛이 된 모 세와 다윗, 세례요한과 바울 같은 사람도 봅니다. 자격증이 있는 사람 과 자격이 있는 사람의 의미를 새삼 생각하게 하는 요즈음입니다.

현대를 살아가는 사람들은 이름 내기를 좋아합니다. 자신의 삶이 평소의 선량함으로 이름이 나는 것은 참으로 가치 있는 일입니다. 그 런데 문제는 사람들이 마냥 자기 이름을 내기 위해 전혀 평소의 삶과 는 동떨어진 일회적인 가식의 몸부림을 치는 것입니다.

이런 추세를 타면서 더러는 자신의 이름이 촌스럽고 우스꽝스럽다 하여 좋은 이름으로 계명을 하기도 합니다. 요즘은 갑자기 계명을 하 는 것이 유행인 듯 너도 나도 이름들을 바꾸고 있는 것 같습니다. 그 러나 정말 중요한 것은 좋은 이름을 갖는 것이 아니라 그 이름을 이름 되게 하는 아름다운 삶입니다.

온갖 좋은 이름들이야 교회 안에도 얼마나 많습니까. 호적에 등재 된 이름에 더하여 온갖 좋은 직분의 이름들! 돈으로도 살 수 없고 세상 그 무엇으로도 바꿀 수 없는 거룩하고 존귀한 이름들!

그 이름을 얻기 위하여 많은 수고를 하고 얻은 후에는 전혀 그 이름값을 하지 못하는 사람들이 있습니다. 좋은 이름은 삶 자체가 그 이름에 부끄럽지 않아야 정말 가치 있는 것입니다. 그 이름을 가질 자격이 있는 사람이 되기를 힘쓰는 것이 아름다운 삶입니다.

사람이란 본래 욕망이 있는 존재로 지어져서 무엇인가 자꾸 가지려고 합니다. 그러다보니 가져서 별로 유익하지도 않은 것들까지도 가지려고 몸부림을 하다가 모든 것을 잃어버리는 경우가 있습니다. 그 사람은 어쩌면 가질 자격이 없는 사람일지도 모릅니다.

당신은 귀중한 이름을 가질 자격이 있는 사람입니까? 가진 이름이 이름 되게 하는 자격을 가진 사람입니까? 집사입니까? 안수 집사입니까? 권사입니까? 장로입니까? 목사입니까? 거룩한 성도입니까? 하나님의 자녀입니까?

우리는 오늘만 보는 근시안적인 눈을 버려야합니다. 지나 온 어제도 돌아보고 다가올 내일도 바라보며 자신의 삶을 통으로 보는 혜안을 가지시기를 바랍니다. 자신의 삶을 전체적으로 조망해 보며 가치 있는 나의 인생을 잘 설계할 수 있는 혜안을 갖게 되기를 진심으로 기도합니다. 당신은 객관적인 자격인증에만 합격한 자격증만 있는 사람이 아닌, 비록 자격증은 없어도 자격을 가진 사람으로 오늘도 승화되어가는 행복한 한 날을 사시기를 기원합니다.

46

부서지는 것은 절망이 아닙니다.

부서지는 것은 절망이 아닙니다.
부서졌기 때문에 오히려
새롭게 만들 수 있는 선용의 기회가 되었습니다.

어릴 때 둘째형과 함께 놀던 일이 떠오릅니다. 그 때는 별다른 놀이 도구가 없던 때라 주어진 자연 환경이 그대로 온통 우리의 놀이 도구 그 자체였습니다. 우리는 시냇가에서 고기를 잡다가 싫증이 나면 모래밭에 앉아서 집을 지으며 놀곤 했습니다. 그럴 때면 형은 형 방식대로, 나는 내 방식대로 각자의 모래집을 지었습니다.

그 날도 형과 나는 고기를 잡는 것에 시들해져서 모래 집짓기 놀이를 하고 있었습니다. 서로 잘 지으려고 경쟁이라도 하듯 형과 나는 열심히 좋은 집을 만들어갔습니다. 그런데 그만 형이 내가 잘 지어 놓은 집을 실수로 밟는 바람에 그 집이 뭉개져버리고 말았습니다. 나는 너무 슬퍼서 큰 소리로 앙앙거리며 울었습니다. 미안해서 어쩔 줄 몰라 하는 형이 나를 달래며 말했습니다.

"내가 다시 지어줄게. 울지 마! 응?"

전혀 위로가 되지 않는 형의 말에 막무가내로 울어댔습니다. 그런 나를 보며 형이 소리쳤습니다.

"부서졌으면 새로 지으면 될 거 아냐! 새로 짓는 집은 더 좋게 지을 수 있어!"

그리고 형은 달래지지 않는 나를 그냥 두고는 씩씩거리며 자기가 지은 모래집을 발로 휘휘 뭉개 버리고 먼저 일어나 가 버리는 것이었습니다.

놀란 내가 뒤따라가면서 "형아! 내가 잘못했어."하고 어리광을 부리자 돌아보았습니다. 그리고는 내 머리를 툭 치며 "아니야 내가 잘못했어."하면서 씩 웃어 주었습니다.

이미 50년도 더 지난 오래전의 어린 시절 이야기지만 그 때의 형 얼굴과 하신 말은 오롯이 가슴에 남아 빛바랜 영화필름처럼 떠오릅니다.

모리스 프랭크(Morris Frank)는 미국 권투계에서 한 때 가장 촉망받는 유망주였습니다. 그런 그가 시합 중에 눈을 크게 다치는 부상을 입습니다. 그 때 프랭크를 담당했던 두 의사는 그에게 다시는 볼 수 없을 것이라는 절망적인 선언을 했습니다. 권투 선수인 프랭크의 인생에 있어서 참으로 치명적인 선언이었습니다. 그의 인생은 권투뿐만이 아니라 모든 것이 끝난 것 같았습니다.

그러나 이것은 프랭크에게 있어서 결코 인생의 최후가 아니었습니다. 오히려 그는 자신에게 닥친 장애라는 불행을 또 한 번의 기회로 선용하며 일어섰습니다. 모든 장애를 극복하고 일어선 그는 자기와 같은 처지의 맹인들을 위하여 "the seeing eye(보는 눈)"이라는 별명을 가진 안내견(案內犬)을 훈련시켜 맹인들의 길잡이 친구를 만들어 주었습니다. 비록 시력을 잃은 프랭크였지만 그는 좌절하지 않고 일어나 오히려 새로운 세계를 발견하는 눈을 열어, 보다 나은 삶의 가치를 창출한 것입니다.

"신은 부서진 것들을 사용하신다."는 옛 히브리 격언이 있습니다. 흙 속에서 썩으며 부서진 씨앗은 곡식을 냅니다. 그 곡식은 다시 부서져 빵이 되고, 빵이 부서져 우리 몸의 에너지가 됩니다. 한 잔의 극상품 포도주도 좋은 포도주가 되기까지는 많은 공정들을 거치며 부서진 한 알 한 알의 포도 알갱이가 가져다주는 결정입니다. 향수도 꽃잎들이 잘 부서져서 만들어진 것입니다. 이 모든 과정들은 사람도 원숙한 인격을 갖추려면 충분히 부서지는 과정을 지나야 한다는 것을 깨닫게 해 줍니다.

예수님은 날마다 부서지는 생활을 하셨습니다. 바리새인들과 유대 지도자들에게 모진 말을 들으면서, 사랑하는 제자에게 배신을 당하면서, 호산나를 외치던 무리들이 십자가에 못 박으라고 외치는 슬픈 현장의 중앙에서, 그리고 십자가 위에서 살과 뼈를 부서뜨리시면서 인류를 구원하는 메시아가 되셨습니다.

주님의 부요함이 부서지면서 많은 사람들이 가난에서 해방되었고(고후8:9), 주님의 육체가 부서지면서 많은 병든 자들이 건강함을 입었습니다(벧전2:24). 주님이 누릴 축복이 부서지면서 많은 사람들이 저주에서 해방되었고(갈3:13). 마침내 주님의 생명이 부서지면서 많은 사람이 살게 되었습니다(막10:45, 갈2:20).

이와 같은 진리를 알게 된 바울은 자기를 깨뜨리면서 이방 선교의 장을 열었습니다. 이처럼 인류 역사에 위대한 인물들의 공통점은 자기를 부수어 깨뜨리면서 모든 이들의 평화와 축복의 장을 만들어 내었습니다.

요즈음, 저는 제 건강이 하나하나 부서져가고 있음을 느낍니다. 제가 잠이 들기까지 저리는 제 다리를 아내가 주무르며 맛사지를 해 줍니다. 그러다가 아침에 일어나면 팔을 들고 아파하는 아내를 바라보면 미안함과 측은함에 고개가 숙여집니다. 지극한 마음으로 목회자요 지아비인 저를 섬기는 아내에게 하나님께서 복에 복을 더 해 주시기를 기도합니다.

정신없이 달려온 목양일념의 세월을 돌아볼 때에 육체가 부서지면서 영적으로 다시 새로워지는 또 다른 은혜를 경험합니다. 육체만 부서지는 것이 아니라 마음도, 정신도, 나의 의지마저도 하나하나 부서지는 것을 경험합니다. 그러면서 그 부서지는 아픔 속에서 새로운 하나님의 위로와 비전을 경험합니다.

오늘을 살아가면서 우리의 삶의 자리에 소중한 것이라 생각되는 것들이 부서질 때 우리는 절망할 필요가 없습니다. 부서지면 또 다른 좋은 것을 지을 수 있기 때문입니다. 부서지는 것은 절망이 아닙니다. 부서졌기 때문에 오히려 새롭게 만들 수 있는 선용의 기회가 되었습니다. 새로운 눈을 열고 새로 짓는 것이 더 좋을 수 있다는 마음으로 오늘을 살아가야 합니다. 모든 아픔의 시간들은 새로운 기회의 때로 선용할 시간입니다.

47

회고 – 총장 취임사

제가 경험한 눈물과 아픔이
후학들의 몫이 되지 않는 정책과 교육과정을 기획하고 운영하여
지역 교육문화 발전에 기여하는 대학이 되도록 힘쓰겠습니다.

1969년 3월 말! 스무 살의 한 청년이 오늘 개교하는 경안 신학대학원 대학교의 모체가 되는 경안성서학원 교정에 들어섰습니다. 검정 고무신에 핫바지 차림의 깡마른 얼굴은 마치 배추뿌리를 뽑아 놓은 듯 했고, 초췌한 얼굴에 눈만 초롱초롱 빛나고 있었습니다.

화요 채플 시간만 되면 수업료 미납학생으로 이름이 불리어지면서 홀로 일어서야했고, 국수 한 다발이 하루 식사의 전부였으며, 연탄이 없어 불을 지피지 못한 기숙사에서 이불을 돌돌 말아 몸을 번데기처럼 웅크리고 잠을 자야 했습니다. 그렇게 추운 겨울이면 때로는 흘러내린 눈물이 얼음이 되어 있는 것을 보고 또 다시 터지는 울음을 속으로 삼키면서 학문에 정진했던 젊은이가 오늘 여기 초대 총장으로 서 있습니다.

경안성서신학원은 그렇게 이 땅에 신학생들을 길러내어 오늘 한국 교회 목회 사역에 기여하는 500여명의 목사와 2,000여명의 졸업생을

배출해 내고 시대의 소명과 역사적 사명으로 대학원 대학교로 교육인적자원부의 인가를 받아 오늘 개교를 하게 되었습니다.

"너희가 나를 택한 것이 아니요 내가 너희를 택하여 세웠다"는 말씀을 가슴에 담고 먼저 하나님께 영광을 돌립니다. 오늘 경안신학대학원 대학교가 개교하기까지 남몰래 눈물 흘리며 선지동산의 역사를 이어가기 위해 새로운 도약을 일구어 오신 이사장 김기수 목사님의 노고는 또 다른 새로운 역사를 이어가는 대학원 대학교의 역사를 통해 앞으로 증거 되리라 확신합니다.

무엇보다 안동지방의 교계 원로이신 김인한 장로님을 중심으로 한 교육계 원로어르신들의 눈물겨운 학교 설립추진에 진심으로 감사를 드립니다. 오늘 이 자리에 함께 하신 존경하는 은사님들과 동문 여러분, 그리고 경안 성서신학원을 사랑하고 아껴주신 경안노회와 여러 지교회에 언어로 다 표현할 수 없는 감사의 말씀을 드립니다. 무엇보다, 한국 신학계의 거목이시며 세계 조직신학의 석학이신 이종성 박사님을 중심으로 성서신학의 권위자 나채운 박사님, 기독교 교육의 대부이신 장로회신학대학교 직전 총장이신 고용수 박사님 외 여러분들이 선뜻 본 대학의 교수로서의 사역을 허락하심은 경안신학대학원 대학교의 영광이며 앞날의 전도를 밝게 전망 할 수 있는 기쁨이 아닐 수 없습니다.

그러나 개교는 하지만 경안신학대학원 대학교의 앞날이 그리 순탄치만은 않은 것이 사실입니다. 그렇다고 주저앉아 있을 수도 없는 것이 경안신학대학원 대학교의 현실이었기에 21세기 한국 신학교육의 새로운 비전을 제시하고 경북 북부지방의 목회자를 비롯한 평신도 지도자들의 재교육의 장을 제공하여 선배들이 일구어 오신 본교의 명예를 보다 아름답게 빛내도록 노력하겠습니다.

앞으로의 기본 경영정책은 이사회에 맡기고, 교육정책은 총장으로서 새롭게 기획하고 발전시켜 나가고자 합니다. 특히 고등교육과정을 이수하지 못하신 분들의 계속교육정책을 수립하여 인적자원부가 인준하는 외국 대학교와의 학사관계를 조인하고 본교에서 수업을 이수한 후 본교학제인 신학석사과정에 입학하여 계속 공부할 수 있는 여건을 마련하고자 준비하고 있습니다.

무엇보다 이처럼 총장의 직임을 성실히 수행하도록 물심양면으로 후원해 주시고 기도해 주시며, 때로는 아비의 심정으로 때로는 어미의 심정으로 부족한 종을 살펴 주시는 포항중앙교회 당회원 여러분들과 한결같은 사랑과 봉사로 담임목사인 저의 기도의 울타리가 되어 주시는 성도 여러분에게 또 한 번 감격함으로 감사를 드립니다.

제가 경험한 눈물과 아픔이 후학들의 몫이 되지 않는 정책과 교육과정을 기획하고 운영하여 지역 교육문화 발전에 기여하는 대학이 되도록 힘쓰겠습니다.

"전능하신 하나님! 지금 여기를 보시옵소서. 그리고 인도하옵소서. 아멘."

주후 2005년 3월 10일 경안신학대학원 대학교 총장 서임중 목사.

48

거듭난 그리스도인

정말 거듭난 하나님의 사람이라면,
거듭난 자로서의 자각과 함께 주님이 당부하셨던
세상의 소금과 빛의 삶으로 오늘도 하루를.

바리새인 중의 니고데모는 유대 관원이며 공회(Sanhedrin) 의원이면서 예수님에 대해 좋은 의미의 관심을 가지고 있는 사람이었습니다. 그러나 그는 예수님이 하나님의 보내심을 입은 자임을 알면서도 자신의 현실적인 상황을 피할 수가 없어 사람들의 눈을 피해 한 밤중에 주님과 만남을 가졌습니다. 그런 니고데모에게 예수님은 니고데모가 이해할 수 없는 말씀을 하셨습니다. "물과 성령으로 거듭나지 아니하면 하나님 나라에 들어갈 수 없느니라(요3:5)." 이 말씀은 중생의 가르침으로써 기독교 교리에서는 매우 중요한 부분입니다.

거듭났다는 것은 우리의 일상생활이 과거와는 달리 변한 모습을 일컫는 것인데, 그것이 180도로 바뀌었을 때 '거듭났다.' 라고 말합니다. 예컨대 육신의 소욕으로 살던 사람이 갑자기 영적인 사람으로 변하여 거룩한 생활을 하게 될 때, 공부를 전혀 하지 않던 아이가 하나님의 영광을 위하여 머리를 싸매고 열심히 공부를 할 때, 음주가무와 흡연으로 세상 쾌락의 삶을 살던 사람이 그 모든 것을 절제하고 새로운 결단으로 주를 위하여 살아갈 때, 그런 때 그 사람을 거듭났다고 말하게 됩니다.

거듭났다는 말의 전제 조건은 죽었다는 것입니다. 그렇게 죽었다가 다시 살아난 사람을 거듭난 사람이라고 말한다면, 거듭난 사람은 죽기 전의 생활을 다시 되풀이 할 수 없음이 자명합니다.

더욱 분명한 것은 좋은 것에서 나쁜 것으로 변화된 경우를 두고는 아무도 거듭났다는 말을 사용하지 않는다는 것입니다. 좋지 않은 습관, 잘못된 생활에서 좋은 습관, 아름다운 생활로 변화될 때에만 거듭났다는 말을 사용합니다.

그리스도인을 두고 고린도후서 5:17절에서는 "누구든지 그리스도 안에 있으면 새로운 피조물이라 이전 것은 지나갔으니 보라 새것이 되었도다."라고 정의했습니다. 다시 말해 거듭난 존재는 새로운 피조물이라는 것입니다.

그럼에도 불구하고 '이 땅의 교회와 그리스도인이 정말 거듭났는가? 라는 회의(懷疑)가 오늘 우리의 양심에서 제기되고 있는 것은 무엇을 의미하는 것입니까?

도처에서 일어나고 있는 그리스도인에 의한 추태는 거듭났다는 말을 어떻게 이해해야 될지, 지각 있는 그리스도인으로서의 자괴감에 이 가슴속은 아픔이 깊어만 갑니다.

예수님은 "아무든지 나를 따라 오려거든 자기를 부인하고 자기 십자가를 지고 나를 따를 것이니라(막8:34)." 말씀하셨습니다. 예수님의 이 말씀대로라면 주님을 믿고 주님을 따르는 그리스도인은 자기를 부인하는 것쯤은 자연스럽게 할 수 있는 것이고, 또 당연히 자기 십자가를 지고 주님을 따라야 할 것입니다.

그런데 정말 오늘 우리가 우리 자신을 부인하는 삶을 살아가고 있는가를 이 시간 생각해 보지 않을 수 없습니다.

자기부인(自己否認, self-denial)은 자기 욕망을 부인하는 것입니다. 거기서 나오는 것이 자족(自足)이고요.

그럼에도 불구하고 교회 가운데서 도처에서 불거지고 있는 것이 개인주의적인 욕심에서 비롯된 온갖 불상사들입니다.

바울이 디모데에게 보낸 다음의 깨우침은 그래서 더더군다나 오늘을 살아가는 그리스도인의 삶에 큰 좌표가 되고 있습니다.

"자족하는 마음이 있으면 경건이 큰 이익이 되느니라. 우리가 세상에 아무 것도 가지고 온 것이 없으매 또한 아무 것도 가지고 가지 못하리니 우리가 먹을 것과 입을 것이 있은즉 족한 줄로 알 것이니라(딤전6:6-8)."

바로 이 말씀에서 그리스도인의 아름다운 신앙이 생활로 이어지는 것입니다.

때때로 주님도 보이지 않고, 공의도 보이지 않습니다. 정직도 보이지 않으며, 진실도 보이지 않습니다. 오직 철저하게 자기주의에 가득 찬 사람들의 언행만이 주변에서 연출되는 것을 볼 때 사람인 제 마음도 천근만근이 되는데 주님의 마음은 얼마나 아프실까를 생각합니다.

정말 거듭난 하나님의 사람이라면 이런 추한 모습들은 이제 모두 십자가에 못을 박아야 합니다. 그리고 거듭난 자로서의 자각과 함께 주님이 그처럼 당부하셨던 세상의 소금과 빛의 삶으로 오늘도 하루를 살아야 합니다. 우리 모두 정말로 거듭난 주님의 사람으로 사십시다.

49

미래를 보는 눈

미래를 볼 수 있는 눈이 열린 사람이
역사의 주인공이 됩니다.

미국 캘리포니아 팜 스프링 지역은 겨울이면 동부지역 사람들이
와서 겨울을 보내는 최고의 휴양지입니다. 그러면서도 사막지대라
여름이면 열기로 숨을 몰아쉬는 곳이기도 합니다. 팜 스프링 지역은
전 지역이 사막임에도 불구하고 그곳 주위에는 골프장이 무려 100여
개가 넘게 시설되어 있습니다.

맨 처음 그곳에 골프장을 건설했던 사람은 당시의 모든 사람들로
부터 정신병자라는 말을 들었습니다. 왜냐하면 당시에는 콜로라도
강으로부터 이 사막으로 물을 수송하여 골프장을 건설한다는 것 자
체가 정신이 올바른 사람이 할 수 있는 생각이 아니었기 때문입니다.
그런데 세월이 흐른 지금 그를 다시 재평가하는 말은 '그 사람이야
말로 10년, 아니 100년을 먼저 내다본 위대한 사람' 이었다는 것입니
다. 모두가 그를 미래를 내다 본 사람으로 인정한다는 것이지요. 왜
냐하면 당시에 불가능해 보이던 그 일을 이루어 그 사막 지역에 골프
장을 통한 엄청난 도시가 형성되게 하였기 때문입니다.

한 나라의 역사도 그렇습니다. 한 가정의 역사도, 또 한 교회의 역사도 그렇습니다. 미래를 볼 수 있는 눈이 열린 사람이 역사의 주인공이 됩니다.

에스겔 37장에는 마른 뼈들에 대한 환상이 기록되어 있습니다. 당시의 이스라엘의 상황은 마른 뼈 바로 그것이었습니다. 마른 뼈란 생명이 없다는 뜻입니다. 이것은 이스라엘이 흙으로 돌아갈 날만 기다리는, 현실적으로 소망 없는 상태임을 비유합니다.

어쩌면 오늘 우리의 상황이 에스겔 선지자가 본 마른 뼈와 다를 바 없는 상항이라는 생각이 듭니다. 정치는 한치 앞을 가늠할 수 없는 어두움으로 덮여 있습니다. 요즈음 정치인들의 정치행태를 보면 서글픈 마음에 앞서 불쌍하다는 생각까지 듭니다. 수많은 중소기업이 부도로 넘어지는 오늘의 경제 현상은 사람들의 마음마저 넘어지게 합니다.

지성의 전당이라 불리는 대학가는 분수와 판단 능력을 잃어버린 채 학문의 표류 현상을 보이고 있습니다.

방송과 신문 보도는 부정적이며 해악스러운 사건 중심의 보도로 일관되고 있어서 뉴스마저 듣기를 싫어하는 사람들이 많아지고 있는 것이 우리의 현실입니다. 도시는 도시대로, 농촌은 농촌대로, 어른은 어른대로, 아이는 아이대로 어느 한 구석을 살펴도 지금 이 나라는 편안한 곳이 없고 고통이 만연해 있습니다.

이런 때에, 시대의 마지막 보루라 할 수 있는 교회마저 교회의 사명을 외면한 채 더럽고 추악하게 교회 속 지도자들의 힘겨루기로 갈등을 일으키고 있습니다. 그런 모습을 지켜보는 교인들의 갈등과 비

판, 그리고 정죄와 비신앙적인 갖은 양상들은, 말라기 시대 이후 400여 년 동안 어두움으로 뒤덮였던 암울한 역사가 바로 오늘 우리의 현실임을 어느 누구도 부인하지는 않을 것입니다.

그런데도 계속 우리는 이런 절망적인 상황으로, 골짜기의 마른 뼈들 같은 모습으로 존재해 가야 하겠습니까? 희망적인 길은 없습니까? 생명력 있는 삶의 지표는 없는 것입니까? 아닙니다. 있습니다. 성경은 분명하게 있다고 대답합니다.

누가복음 18장 27절 말씀입니다. "무릇 사람은 할 수 없는 것을 하나님은 하실 수 있느니라."

이 말씀은 성도들이 믿음의 눈을 열 때 어떤 절망의 상황에서도 희망을 볼 수 있다는 말씀입니다. 죽음의 자리에 앉은 때에라도 생명의 열린 통로를 볼 수 있다는 정확한 지표가 되는 메시지입니다.

그것은 내가 아니라 나를 통해서 하나님이 하실 것을 믿는 믿음의 눈을 여는 것입니다.

영적으로 눈이 열리지 않았을 때 에스겔은 골짜기의 마른 뼈들만을 보았습니다. 그러나 영적인 눈이 열렸을 때 그 뼈들이 하나님의 군대가 되는 강력한 비전을 보았습니다.

에스겔이 그랬던 것처럼 우리도 영적인 눈이 열릴 때 남들이 보지 못하는 미래를 볼 수 있습니다. 미래는 그와 같이 영적인 눈이 열린 사람들의 몫임을 역사가 증거하고 있습니다.

믿음의 눈을 열고 세상을 바라보십시오. 오늘 우리를 통해서 일하시는 주님을 의뢰하십시오. 오늘 주님께서 내게 말씀하시는 그 음성 듣기를 구하십시오. 주님께서 말씀 하실 때에 당신이 할 일은 순종입니다. 순종하는 자 그가 하나님의 미래를 열어가는 통로요 주역이 될 것입니다. 주님은 음성 듣기를 원하며 순종하는 당신과 함께 미래를 열어 가십니다.

50

행복한 교회생활

교회 생활의 행복지수는 주님께 맞추어야 합니다.
그것을 자신에게 맞추고 있으면
행복할 수도 행복을 줄 수도 없습니다.

C 집사님은 모태로부터 신앙인이었습니다. 부모님은 교회의 항존 직분자였고, C 집사님은 어릴 때부터 교회생활에 아주 훌륭한 모범생이었습니다. 그러던 그가 자라면서 교회생활에 게을러지기 시작했습니다. 그러다 점차 결국은 주일을 성수하지 않았습니다. 주일이면 낚시를 하기 위해 바다로 갔고, 먼 길로 여행을 떠났습니다. 예배를 위해 교회로 향하던 발걸음은 산으로 향했고 예배의 자리에는 등산이 앉았습니다.

그의 부모님은 교회 지도자로서 아들의 이런 모습이 늘 무거운 짐이 되었습니다. 당연히 교회생활을 왜 그렇게 하느냐고 훈계를 했습니다. 그럴 때면 C 집사는 묵묵부답, 침묵으로 일관했습니다.

그러던 중 C 집사님이 제 목회의 울타리에 들어오게 되었습니다. 몇 차례 심방을 하면서 신앙생활에 관해 이야기를 하기 시작했습니다. 좀처럼 입을 열지 않던 그는 나의 인생 밑바닥 이야기를 듣고서야 조심스럽게 입을 열었습니다.

그 내용은 대략 다음과 같은 것이었습니다.

"교회 생활이 행복하지 않습니다. 오늘의 교회는 예수님이 그렇게 싫어 하셨던 바리새인들로 넘치고 있습니다. 우리 교회도 예외는 아닙니다. 교회 직분을 계급으로 이해하는 교회 지도자들을 어떻게 거룩한 성도라 할 수 있습니까? 그런 사람들이 지도자로 군림하는 교회를 어떻게 예수님이 생명을 바꾸고 세우신 주님의 교회라 할 수 있습니까? 그 가운데는 저의 아버지도 어머니도 계십니다. 죄송하지만 목사님도 그 가운데 한 분이십니다. 과연 그런 교회에 주님이 계신다고 믿습니까? 예배드리는 시간에 산행을 하는 것이 훨씬 행복합니다. 산을 오르면서 새들의 노래를 나는 주님의 음성으로 듣습니다."

그러던 그가 교통사고로 젊은 나이에 하늘나라로 가고 말았습니다. 사랑하는 젊은 아내와 아이들을 두고 그렇게 세상을 마쳤습니다. 그를 공원묘지에 묻으면서 저는 참으로 많이 울었습니다. 그가 남긴 아이들과 젊은 아내 때문이 아니었습니다. 그의 아버지의 처절한 절규 때문도 아니었습니다. 천하보다 귀한 한 영혼이 오늘날 교회의 타락 때문에 처절하게 신앙과 인생을 절규하다가 젊은 나이에 그렇게 허망하게 삶을 접었음을 생각할 때 가슴이 미어터지는 고통이 있었기 때문입니다. 그가 탄원하는 그 교회 안에 '나'도 있었다는 생각이 나 자신을 못 견디게 했습니다.

마음 아픈 이야기지만, C 집사님은 다른 사람들의 신앙생활이 아름답지 못하다는 이유로 상처를 입고 교회출석을 하지 않았습니다. 뿐만 아니라 그런 사람들을 비판하면서 자기 자신이 또 다른 사람에게 아픔의 대상이 되고, 다른 사람들에게 비판의 대상이 된다는 것은 잊고 있었습니다. 아니 정직하게 표현하면, C 집사님은 자신의 삶이 주님에게 슬픔을 드리는 삶이며, 그로 인해 무엇보다 부모님과 가족들에게 큰 아픔을 주었다는 사실을 이해하지도, 수용하지도 못하고 있었습니다.

그런 경우를 심각한 자기주의라 일컫습니다. 아름다운 것도, 부끄러운 것도, 그 어떤 것도 판단 기준이 모두 자기가 되는 것입니다. 그런 사람일수록 사실은 자기 자신의 삶이 얼마나 부끄러운 것인가를 돌아보지 못하는 경우가 많습니다. 왜냐하면 그런 사람의 삶은 스스로 고개를 숙일 수 있는 성숙한 벼 이삭처럼 인격과 신앙이 제대로 갖추어지지 못했기 때문입니다.

여기에 이르면 주님도 보이지 않습니다. 진리도 보이지 않고, 정사(正邪)도 분별이 되지 않습니다. 오직 있는 것은 '자기' 뿐입니다.

이해가 없고 수용이 없고 사랑이 없으면 교회 생활이 행복할 수 없습니다. 교회 생활의 행복지수는 주님께 맞추어야 합니다. 그런데 그것을 자기에게 맞추고 있으면 그 사람은 행복할 수도 없고 다른 사람에게 행복을 줄 수도 없습니다.

사도 바울이 빌립보 교회에 간곡히 권고했습니다. 우리 모두는 그리스도 안에 있다는 사실을 깨달아야 한다고. 그리스도 안에 있다는 것을 통해 주 안에서 하나라는 것을 깨달아야 한다고.

그 안 있을 때 긍휼과 자비를 통해 진정한 일치의 감동을 경험할 수 있다는 것을 깨닫게 되시기를 바랍니다.

당신은 지금 교회 생활이 행복하십니까?

51

낮은 곳으로 흐르는 물처럼

당연한 말 같으나 깊은 삶의 이치와
진리가 숨어 있는 이야기입니다.

물은 낮은 곳으로 흐릅니다. 흐르다가 막다른 곳에 다다르면 그 흐름을 멈춥니다. 그러나 그 멈춤은 멈춘 것이 아니라 막힘을 통과하기 위한 또 다른 조용한 준비입니다. 갇히며 채워진 그 막힘이 풀리면 물은 무서운 속력으로 다시 낮은 곳을 향해 흐릅니다. 흐르다가 걸림돌이 있으면 휘 돌아 다시 흘러갑니다.

당연한 말 같으나 깊은 삶의 이치와 진리가 숨어있는 이야기입니다. 그래서 낮은 곳으로 흐르는 물을 통해 삶의 지혜를 배우게 됩니다.

사도 바울은 주님의 교회에서 일하는 그리스도인들에게 빌립보서 2:3절을 통해 다음과 같은 아름다운 권면을 했습니다.

"아무 일에든지 다툼이나 허영으로 하지 말고 오직 겸손한 마음으로 각각 자기보다 남을 낮게 여기고"

이 말씀은 교회의 일치를 위한 방법 가운데 가장 구체적인 방법입

니다. 소극적인 방법은 주의 일을 다툼이나 허영으로 하지 않는 것입
니다. 적극적인 방법은 주의 일을 할 때에 겸손히게 하는 깃입니다.
이 겸손이란 하나님 앞에서 진정한 자신의 모습을 발견하고 "다른 사
람을 자신 보다 낮게 여기는 것" 으로 실천되는 삶입니다.

　그렇습니다. 교회생활이나 사회생활의 행복은 바로 여기서부터
출발합니다. 교회생활을 할 때에 다투면서 한다면 무슨 행복이 있겠
습니까.
　다툼의 뿌리는 항상 자기주의에서 옵니다. 주의 영광을 위해서 개
인적인 수모까지도 기쁨으로 수용할 수 있는 믿음이 있다면 그것이
진정한 그리스도인의 믿음입니다. 이 사실을 바울은 자신의 삶을 통
해서 확증해 보여 주었습니다.
　더욱 중요한 것은, 주님의 일은 허영으로 하는 것이 아니라는 것입

니다. 허영이란 내용 없는 자기 영광이나 자기 자랑을 뜻합니다. 주님의 일을 하면서 어떻게 자기 영광과 자기 자랑을 일삼으며 일 할 수 있겠습니까. 남을 나보다 낮게 여기는 마음에는 절대 허영이 자리 할 수 없습니다.

일상에서의 기쁨과 행복은 남을 나보다 낮게 여기는데서 옵니다. 마음의 불행은 자기 자신을 다른 사람보다 낮게 여기는데서 오는 것입니다. 우리는 이 사실을 정확하게 알아야 할 필요가 있습니다.

이탈리아 화가 레오나르도 다빈치는 '최후의 만찬', '모나리자' 등의 명화를 남겼습니다. 그 외에도 건축 및 자연 과학에 통달한 천재로 알려집니다. 다빈치가 어느 날 '피렌체' 시의 시장에게 초청을 받습니다. 이유는 시청 청사의 벽화를 그려달라는 것이었습니다. 그림의 내용은 전쟁 그림이었습니다. 다빈치는 정성을 다해 요청 받은 그림을 그려나갔습니다. 그런 어느 날 시장이 와서 벽화를 보며 이렇게 말했습니다.

"싸우는 모습이 너무 실감이 나니 좀 아름답게 그리시오."

그러자 다빈치는 미소를 머금고 서 있을 뿐 아무 대답도 하지 않았습니다.

기분이 나빠진 시장은 "이쪽 벽의 그림은 요즘 유명해진 '미켈란젤로'에게 맡겨야겠군."하면서 다빈치를 우회적으로 평가절하 했습니다. 당시 다빈치의 나이는 48 세였고 미켈란젤로는 25 세의 젊은이였습니다.

그로부터 얼마 지나지 않아 미켈란젤로도 시장의 초청으로 그림을 그리기 시작했습니다. 그는 다빈치를 이겨야겠다는 일념으로 벽화를 그려나갔습니다. 그의 그림은 다빈치보다 빨리 완성단계에 이르렀습니다. 그러자 미켈란젤로가 다빈치의 그림을 건너다보며 이렇게 중얼거렸습니다.

"나보다 먼저 시작한 그림이 아직도 저 모양이군. 별로 신통치도 않은데 꾸물거리기만 하는군."

다빈치는 그 말을 들었지만 화를 내지도 않았고 젊은 후배를 비난하지도 않았습니다. 그러던 어느 날 '모나리자'의 모델이 되었던 '리자' 부인이 다빈치를 찾아왔습니다. 그리고 하는 말이 "미켈란젤로가 선생님을 욕하고 다닙니다."라는 것이었습니다. 그때 다빈치는 이렇게 말했습니다.

"나는 그의 실력을 잘 알고 있습니다. 그는 천재이며, 나보다 훌륭한 화가입니다."

낮은 곳으로 흐르는 물처럼 자기를 낮추고 남을 나보다 낫게 여긴 레오나르도 다빈치의 깊은 인격은, 오늘날까지도 그가 미켈란젤로보다 더 위대한 화가로 세인들의 존경을 받는 한 이유가 되고 있습니다.

여러분은 어떠하십니까?

52

돌봄의 미학

'네가 변하라' 고 말하지 마십시오.
'내가 바뀌면' 됩니다.

인간생활의 아름다운 관계 가운데 하나는 '돌봄' 입니다. 이 돌봄이 '서로 돌봄' 이 되면 이 보다 더 좋을 수 없는 아름다운 관계가 됩니다.

이 '돌봄' 이 실현되는 곳에는 언제나 자기 자신을 먼저 돌아보는 지혜가 있습니다. 나를 돌아보지 않고는 절대 너를 돌볼 수 없기 때문입니다.

예수님께서 말씀하셨습니다. "네 이웃을 네 몸과 같이 사랑하라(마태복음 19:19절)." 이 말씀은 만고불변의 진리입니다. 자신을 사랑하는 만큼 남을 사랑하라는 말씀이기 때문입니다.

'돌아본다.' 는 말은 '돌봄' 과는 어의(語義)가 전혀 다른 것입니다. 그러나 삶의 내용으로 볼 때 진정한 돌봄의 시작은 바로 '돌아봄' 에서 시작된다는 것을 우리에게 깨닫게 합니다. 왜냐하면, 진정한 돌봄은 자기를 회상하여 돌아볼 때 가능한 것이고, 또 동시에 너를 회고하며 돌아볼 때 그 삶이 나를 비추어 볼 수 있는 거울이 되기 때문입니다. 그래서 진정한 돌봄은 거기서부터 시작된다고 말하는 것입니다. 나를 돌아보지 않고 너를 돌보는 삶은 아름다울 수가 없습니다.

그리스도인이 일상생활에서 행복하려면 자기 자신은 물론 형제의 일상적인 생활을 돌아보아야 합니다. 주께로부터 자신이 받은 은사도 살펴보아야 합니다. 그리고 서로 돕고 이해하면서 주의 영광을 나타내고, 더불어 교회의 일치와 평화를 위해 공동선을 추구하며 주어진 사명을 잘 감당해야합니다. 그런 삶이 우리의 일상이 될 때 그 자신이 먼저 기쁨과 감동이 자기 안에 충만해지는 것을 느끼게 됩니다.
교회생활의 진정한 행복은 나만의 기쁨으로 완성 되는 것이 아닙니다. 나와 함께 너의 기쁨이 충만할 때 진정한 그리스도인의 행복이 완성 되는 것입니다.
나의 기쁨만 추구하고 너의 기쁨 같은 것은 관심조차 없는 것은 그리스도인의 본성이 아닙니다. 그것은 사단의 전략이며 간계요 본성입니다.

예수님의 말씀 가운데 선한 사마리아인의 이야기가 있습니다. 그 이야기의 주제는 자기를 돌아보는 것과 함께 이웃을 돌보아야 한다는 것을 강조하고 있습니다. 또한 십자가를 짊어지시기 전에 사랑하는 제자들과 만찬을 하시던 중에 제자들의 발을 씻기시면서 "너희도 서로 발을 씻어주는 것이 옳으니라(요13:14)"고 하신 것도 서로를 돌아보는 아름다운 그리스도인의 '서로 돌봄의 사랑' 을 깨우치신 말씀입니다.
이 선한 사마리인의 아름다운 이야기에 감동을 받은 선교사님들이 자신들의 모든 부귀영화를 바울처럼 분토같이 버리고 당시 미개했던 우리나라에 복음을 들고 들어오셨습니다. 그리고 병원과 학교를 세우고, 복음을 전하며 이 민족을 돌보는 사역을 하였습니다.

그 선교사님들의 사랑과 헌신이 있었기에 오늘의 대한민국이 있게 되었습니다. 그들은 우리 땅에 와서 적응을 하는 동안 그 자신들이 풍토병으로 죽어갔습니다. 사랑하는 자녀들이 죽는 것을 보아야 했습

니다. 어떤 이는 사랑하는 아내와 남편을 잃기도 했습니다. 그런 그들의 우리나라 대한민국을 사랑의 복음으로 돌보는 섬김이 있었기에 지금의 우리가 있는 것입니다.

그들은 죽어서도 이 땅을 떠나는 것을 원치 않았습니다. 이 나라가 하나님의 나라가 되는 것을 죽어 분토가 되기까지 원했습니다. 그들의 누운 곳이 이 나라 땅뙈기 한 편에 있지 않습니까. 그곳은 서울의 '양화진' 입니다. 이 일들을 우리는 너무나 잘 알고 있습니다.

그리고 지금은 우리의 젊은이들이 다시 이 은혜를 체험하여 개인적인 영광을 포기하고 열악한 민족을 돌아보기 위해 선교사로 헌신하며 나아갔습니다. 젊은이도 가고, 중년들도 가고, 노년들도 남은 삶을 헌신하고 선교지로들 떠났습니다. 지금도 쉼 없이 가고, 보내고 있습니다. 그 결과, 우리나라 대한민국은 세계선교 2위국으로 하나님께 영광을 돌리게 되었습니다. 할렐루야!

이런 돌봄이 국제적인 선교의 관계에서만 필요할까요? 아닙니다. 가정에서도 교회에서도 아주 많이, 몹시, 마구 마구, 무차별적으로 필요합니다.

진정한 믿음의 사람이라면 서로를 돌아보는 지혜의 삶을 살아야 합니다. 우리 모두 너나없이 나 자신만의 기쁨을 위해 교회생활을 했다면, 이제는 보다 더 넓고 깊은 신앙인격으로 기쁨이 충만한 교회생활을 할 수 있어야 합니다. 나로 말미암아 교회를 떠나거나, 나로 인해서 교회생활을 기쁨으로 하지 못하는 형제나 자매가 없기 위하여 기도할 수 있어야 합니다. 나 때문에 외롭고, 나 때문에 지치고, 나로 인해서 아픔을 안고 낙심하는 이웃이 있게 해서는 안 됩니다.

이제 그들이 교회로 들어와 나로 인하여 함께 기쁨을 노래할 수 있는 신앙생활이 되어야 합니다. '네가 변하라' 고 말하지 마십시오. '내가 바뀌면' 됩니다. 그것이 사랑으로 서로를 돌아보는 아름다움입니다.

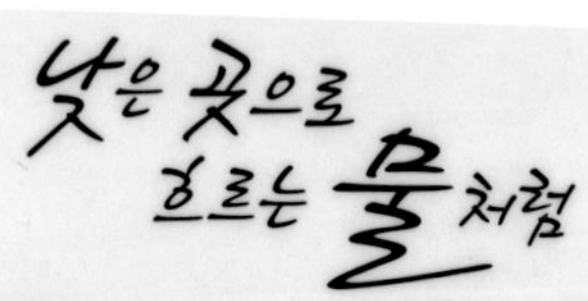

초판 1쇄 발행 2009년 12월 5일
지은이 • 서 임 중
펴낸이 • 김 수 곤
펴낸곳 • 선교횃불(ccm2u.com)
등록일 • 1999년 9월 21일 제54호
주   소 • 서울시 송파구 삼전동 103번지
전   화 • 02-2203-2739
F A X • 02-2203-2738
E-mail • service@ccm2u.com
Hompage • www.ccm2u.com

책값 뒷표지에 있습니다.
ISBN 978-89-5546-127-5 (03230)